广东省高等教育教学质量工程项目
广东培正学院重点学科建设项目

应用心理学校企合作实训教材

家庭教育艺术

主编　刘洪波　郑文燕

郑州大学出版社

图书在版编目(CIP)数据

家庭教育艺术 / 刘洪波,郑文燕主编. — 郑州:郑州大学出版社,2023.2
应用心理学校企合作实训教材
ISBN 978-7-5645-9322-3

Ⅰ.①家… Ⅱ.①刘…②郑… Ⅲ.①家庭教育-教材 Ⅳ.①G78

中国版本图书馆 CIP 数据核字(2022)第 252752 号

家庭教育艺术

JIATING JIAOYU YISHU

策划编辑	李龙传　张彦勤	封面设计	苏永生
责任编辑	张彦勤	版式设计	苏永生
责任校对	薛　晗	责任监制	李瑞卿

出版发行	郑州大学出版社	地　　址	郑州市大学路40号(450052)
出 版 人	孙保营	网　　址	http://www.zzup.cn
经　　销	全国新华书店	发行电话	0371-66966070
印　　刷	河南大美印刷有限公司		
开　　本	787 mm×1 092 mm　1 / 16		
印　　张	9.25	字　　数	214 千字
版　　次	2023 年 2 月第 1 版	印　　次	2023 年 2 月第 1 次印刷
书　　号	ISBN 978-7-5645-9322-3	定　　价	38.00 元

本书如有印装质量问题,请与本社联系调换。

作者名单

主　编	刘洪波　郑文燕	
副主编	张　文　黄晓芳　蒋佳伽	
	陈　艳　吴　宁　吕秋霞	
编　委	刘洪波	广东培正学院
	郑文燕	广州漫吾心理健康咨询服务有限公司
	张　文	广州圆心谱科技发展有限公司
	黄晓芳	广州家之港文化传播有限公司
	蒋佳伽	广州迈腾文化传播有限公司
	陈　艳	广东培正学院
	吴　宁	德宝心理健康咨询服务（广东）有限公司
	吕秋霞	暨南大学附属实验学校
	古慧仪	广东培正学院
	舒鸿倩	广东培正学院
	高雪桐	广东培正学院
	黄旖雯	广东培正学院
	张　凡	暨南大学
	叶秀枝	广州体育学院
	吴秀玲	广东北江中学
	郑小霞	广东省遂溪县第一中学
	毛斌红	广州茂华元道教育信息咨询有限公司
组织单位	广东培正学院	
协作单位	广州圆心谱科技发展有限公司	
	广州漫吾心理健康咨询服务有限公司	
	德宝心理健康咨询服务（广东）有限公司	

序

心理学是脱胎于哲学、人文社会科学和生物科学的一门交叉学科,但经过一百多年的发展,心理学受到自然科学研究方法和范式的深刻影响,逐渐淡化了人文学科的性质,几乎成了一门纯粹的自然科学。目前,大多数重点院校的心理学专业,其培养方案及对应的课程体系和课程内容,都充满着自然科学的味道;其重点学科的评价体系也是以发表SCI论文的数量及生物心理实验室规模和规格为指标的。当然,这种倾向对于探讨心理活动的生物学机制及生物学变量与心理学变量之间的关系是必要的,严格的实验室训练也是培养心理学研究型人才的重要训练方法和途径。但这种自然科学培养模式的导向使得我国非重点高校尤其是民营高校的应用心理学专业,在培养目标、课程设置和教学过程中产生了困惑。我们在教学实践中发现一些具体问题,一是学生学习微积分、生理解剖学、认知神经科学等内容时都普遍感到吃力;二是由于数学、生理解剖、普通心理学、实验心理学、生物心理学、认知神经科学等专业基础课程和专业核心课程学分占比非常高,直接影响到后期应用性课程的安排;三是绝大多数二本高校难以承担购置和维护生物心理学实验设备如ERP甚至fMRI等仪器的费用;四是即使购置了实验设备,绝大多数高校无力组建自己的科研团队,也就无法申请到自然科学项目开展其研究。总之,二本高校的应用心理学专业或学科很难适应以生物心理学实验为主要范式的教学和培养模式。如果照搬重点高校的教学模式,其结果是所培养的毕业生无法适应和满足现实社会的需要。

虽然我国重点高校和研究院所每年都有数量可观的认知神经科学和生物心理学研究论文发表,但这些论文很难转化为应用型的原理与技术;虽然重点高校培养的心理学硕士研究生和博士研究生数量越来越多,但这些人才很少能够走向基层如社区和乡村为广大民众排忧解难。

因此,民营高校层次的应用心理学专业的教育教学研究,应该思考如何运用各个层面的心理学原理,开发出应用型的心理学原理与技术,解决现实社会中的心理问题,促进人们的心理健康,以满足现实生活中人们对心理学的需要。我校应用心理学专业就是本着这一现实问题,将心理学从生物心理实验室的研究方法和范式中解脱出来,将心理学的教学变成一种理解自己和他人、改变自己和他人、提高自己和他人的社会适应能力及提升幸福感水平的知识教育和行为塑造过程。

在教学内容上,我们修订人才培养方案时,适度增加了后期实训课程的学分比例;在教学方法方面,鼓励教师采用多种教学方法提高学生理解心理学原理的能力,特别强调让学生运用心理学的知识与技能解决自身的问题,学会人际沟通和解决人际冲突,在学习中不断促进自身的成长和成熟。依据这一理论的人才培养模式,我们称之为"应用型心理学家培养模式"。

这一培养模式集中体现在校企合作开发的系列后期实训课程开发:近几年来,我们与广州圆心谱科技发展有限公司合作共同开发了多门课程。对于这些应用型课程,我们要求理论与原理尽可能简洁明了,重点放在操作和实训上,尽可能地让学生动手动脑,增加实操,通过布置作业,促使学生练习。这套系列教材就是我们教学改革的系列成果之一。

我们将这套教材推荐给高校应用心理学的老师和同学们,也推荐给各类心理学培训机构,希望你们在使用该套教材的过程中提出宝贵的意见和建议(931974838@qq.com),以便我们再版时进行及时修订,不断完善和充实,从而真正实现"应用心理学家"的培养目标。

应用心理学校企合作实训教材编委会
王宇中
2023 年 1 月

前言

在心理学和教育学研究中，一个人的心理健康水平、个性品质、能力素质都与家庭教育息息相关。多数家长并不了解儿童成长和发展的科学规律，仅是凭习惯和本能开展家庭教育，重"养"而轻"育"，重"智"而轻"德"。随着传统家庭结构和儿童成长环境的改变，社会竞争压力加剧，家教意识和能力的缺乏造成的影响也越来越大。

心理咨询室里，前来求助的孩子年龄越来越小，且初诊症状越来越严重，自闭症、多动症、焦虑症、强迫症、抑郁症等发生率越来越高。大学生存在被动消极和自律能力严重不足的问题，年轻人孤独感越来越重，不婚族越来越多，生育意愿越来越低。而这些个人和社会问题的产生，主要根源在于家庭教育。正因如此，2022年1月1日，我国正式实施《中华人民共和国家庭教育促进法》。

本书在这样的社会背景下撰写而成，以国家最新的人口教育政策、法律政策为导向，结合心理学、教育学、社会学等多学科知识，围绕父母对子女的教育理念和方法等深入浅出，根据不同年龄阶段的身心发展特点提出科学教养方式，并对社会热点关注的问题、典型案例、个性化的教育等进行探索和研究，以开拓家庭的"治未病"之路。每一章讲家庭教育的"心法"（理论），也讲"技法"（实践）；既指导家长学习和探索，又有在开展家长团体辅导、讲座或者沙龙活动时可以操作实践的内容。本书适合作为大学家庭教育课程的实训教材，帮助大学生学习未来如何成为合格的父母，或者为有志于家庭教育指导相关职业的大学生提供具有实践意义的指导。

写书是一个整理与深入探索的过程，也是我们继续成长的宝贵机会！衷心感谢在写作过程给予我们帮助的老师和朋友们！特别鸣谢王宇中教授的热情邀请和悉心指导，还有黄晓芳老师提供的结构式家庭治疗视角，广州小豆豆早教、湛江春织锦学苑、兰慧家咨询、家之港等机构提供的教育实例，以及多位朋友提供的案例和设计素材。最难得的是曾经在乡间春田花花生活园7个家庭抱团带娃的体验，让我们深深体会到"生活即教育"的内涵。

感恩学生和来访者家庭,是他们用亲身的经历感动和启发了我们。

感谢孩子们,让我们在成为父母的过程中增长了见识,磨炼了心智,更加热爱生命!

向所有前辈和同行致敬!我们站在前人的肩膀上,学习和借鉴了丰富的理论和案例。同时,教学相长!希望各位读者带着整体观、发展观、主体观来阅读本书,并欢迎大家提出不同的意见,以促进我们教学上的不断进步!

编者

2023 年 1 月

目录

第一章　家庭教育艺术概述	001
第一节　当代家庭教育面临的问题	002
第二节　当代家庭教育发展趋势	004
一、家庭教育的理念	004
二、当代流行的家庭教育方法	007
三、近当代家庭教育典型案例	012

第二章　适时而教的艺术	015
第一节　心理发展阶段的划分	015
第二节　胎儿期的家庭养育	021
第三节　学龄前期的家庭养育	022
一、建立安全感——用温暖包裹孩子	023
二、母婴关系的联结与分离——哺乳与断乳、自主排泄	031
三、自我意识的第一次觉醒——"2岁之变"	034
四、实训科目：生日故事与手指谣——早期生命教育	035
第四节　学龄前期的家庭教育	037
一、生活习惯的建立——提供模仿的环境	038
二、初步发展社会化——适应幼儿园	039
三、想象力与意志力发展——玩耍与家务	040
四、实训科目：故事知道怎么办——巧用故事中的智慧	041
第五节　学龄期的家庭教育	043
一、第二次觉醒的自主意识——换牙与"9岁之变"	044
二、用勤奋克服自卑——养成良好的学习和生活习惯	046
三、用"计划三明治法"来适当满足孩子的需求	047
四、实训科目：亲子形线画	048
第六节　青春期孩子的家庭教育	049
一、接纳人生的第三次"叛逆"	050
二、尊重孩子发展同伴关系	052

001

三、带领孩子做职业生涯规划 ………………………………… 053
　　四、预防与应对青少年抑郁症 ………………………………… 054
　　五、实训科目:六项思考帽 …………………………………… 056
　第七节　成年早期的家庭教育 …………………………………… 058

第三章　顺势而教的艺术 ………………………………………… 060
　第一节　理解孩子间的不同 ……………………………………… 060
　第二节　德育:从"善"已达人,至爱家爱国爱党 ……………… 062
　　实训科目:63 种礼仪自检表 …………………………………… 063
　第三节　智育:从求知到求"真" ……………………………… 065
　　一、智力发展的四个阶段 ……………………………………… 065
　　二、智能是多元的 ……………………………………………… 065
　　三、学习金字塔原理 …………………………………………… 067
　　四、实训科目:思维导图 ……………………………………… 068
　第四节　体育:强健体魄,坚韧意志 …………………………… 069
　第五节　美育:发现美、欣赏美、创造美 ……………………… 071
　第六节　培养自主能力:自主玩耍、自主学习与自主劳动 …… 072
　第七节　培养抗挫折能力:迎难而上与挫折中奋起 …………… 076
　第八节　培养自我调适能力:知、情、意协调发展 …………… 077
　第九节　提高自我保护能力:身体边界、性教育 ……………… 078
　第十节　发展社交能力:游戏与合作 …………………………… 081
　第十一节　培养财富管理能力:取之有道的零花钱管理 ……… 082
　　实训科目:正念专注力训练法 ………………………………… 084

第四章　亲子沟通的艺术 ………………………………………… 086
　第一节　情绪处理的艺术 ………………………………………… 086
　　一、接纳自己的情绪 …………………………………………… 086
　　二、情绪的积极暂停 …………………………………………… 087
　　三、允许"灾后重建" ………………………………………… 087
　　四、实训科目:情绪释放技术 ………………………………… 087
　第二节　积极倾听的艺术 ………………………………………… 089
　　一、积极倾听四部曲 …………………………………………… 089
　　二、避免形式上的"倾听" …………………………………… 089
　　三、实训科目:倾听伙伴 ……………………………………… 090
　第三节　正念说话的艺术 ………………………………………… 090
　　一、非暴力沟通 ………………………………………………… 090
　　二、赞美的艺术 ………………………………………………… 092
　　三、焦点式提问与沟通技巧 …………………………………… 092
　　四、实训科目:体验沟通中的 12 个绊脚石 …………………… 093

第四节　共渡难关的艺术 ·· 094
　一、用认知行为疗法(CBT)应对沉迷网络 ············· 094
　二、应对厌学与拒绝上学 ·· 097

第五节　家长的自我成长艺术 ······································ 098
　一、当自己的"内在父母" ·· 098
　二、练习"一念之转" ··· 098
　三、环境与心灵共同"断舍离" ································· 099
　四、不断学习与自我修正 ·· 099
　五、实训科目：父母互助成长小组 ··························· 099

第五章　家庭结构与系统平衡艺术 ···································· 101

第一节　维持完整的家庭功能与健康的家庭结构 ········ 102
　一、完整的家庭功能 ··· 102
　二、结构和边界清晰，各归其位，各司其职 ············· 103
　三、父母结成养育联盟 ··· 106
　四、顺应"家庭生命周期"的发展 ······························ 109
　五、父母角色与功能的变化 ···································· 110
　六、弹性——家庭拥有自我修复能力 ······················ 111
　七、实训科目：家谱图和家庭雕塑 ··························· 112

第二节　不同家庭形态下选择不同的教育重点 ············ 116
　一、独生、二胎、多胎家庭 ······································· 117
　二、隔代养育与留守儿童家庭 ································· 119
　三、离异家庭与重组家庭 ·· 120
　四、全职妈妈(全职爸爸)家庭 ································· 122

第三节　在文化传承中"治未病" ··································· 123
　一、天时：生活有节奏 ··· 123
　二、地利：化繁为简 ··· 124
　三、人和：固定的"家庭日"和传统节日 ···················· 126
　四、实训科目：家庭会议 ··· 127

第四节　知法守法与依法育儿 ······································ 128

参考文献 ··· 132

第一章　家庭教育艺术概述

在讨论家庭教育之前，我们先来看看教育的含义是什么。

教育在狭义上指专门组织的学校教育；广义上指影响人的身心发展的社会实践活动，包含学校教育、家庭教育、社区教育、大众教育等。本书所谈的家庭教育自然是广义中的一类。"教育"一词来源于孟子的"得天下英才而教育之"。拉丁语 educare 是西方"教育"一词的来源，意思是引出，与汉语抛砖引玉有异曲同工之妙。

从我国古代的甲骨文可以看出（图1-1），"学"与"教"二字的不断演变中唯一不变的就是"子"字。最早的教育就是父母对子女的教育，"学"字里有小房子，即孩子最初的学习就是在家里进行。后来才有了学校——家的延伸，同样需要一个安全的环境。由此可见，家庭教育，也称亲子教育，向来是在社会教育之前就发生的，其重要性可见一斑。

图1-1　汉字"学"与"教"两个字的演变过程

《中华人民共和国家庭教育促进法》明确规定：本法中的家庭教育，是指父母或者其他监护人为促进未成年人健康成长，对其实施的道德品质、知识技能、文化修养、生活习惯等方面的培育、引导和影响。家庭教育渗透在家庭全部生活之中，有来自家庭的人或物对儿童、青少年的直接与间接、有意与无意、积极与消极的影响。

《礼记·大学》记载："物格而后知至，知至而后意诚，意诚而后心正，心正而后身修，身修而后家齐，家齐而后国治，国治而后天下平。"其中，"齐家"就是要管理好家庭，使家族成员能够齐心协力、和睦相处，是"修身"和"治国"之间的中心桥梁。把自己的家经营好了的人，也能协助国家首领把国家治理好，让整个国家和社会充满和谐与太平。反之，一个不重视家庭教育的国家，社会风气不正，人才稀少，青黄不接，国家的根基也会被动摇。可见国家和社会对家庭教育有着十分重要且深远的影响。"齐家"先"修身",家长要先通过学习修炼自己的思想和行为。

家庭教育是道德与法治的双重责任,符合民族复兴大势所趋,在法律和政策的指引之下进行实践,同时又是一门科学和艺术,既要遵循科学的心理发展和教育规律,又要借助许多人文思想与艺术化的工具方法。因此希望本书能带领人们更多地思考如何在"修身"的前提下"艺术化"地实施家庭教育,能够轻松愉悦地带领孩子们身心健康成长。

家庭教育如此重要,我们需要知道现在的家庭教育处在什么状态下,未来的目标应走向何方,有哪些理念和方法是值得我们借鉴的。

第一节 当代家庭教育面临的问题

（一)"重智轻德"导致家庭中的教育焦虑和教育过度

中国儿童少年基金会联合北京师范大学家庭教育研究中心发布的《2016年度中国家庭教育现状调查》显示,87%左右的家长承认自己有过焦虑情绪,其中近20%有中度焦虑,近7%有严重焦虑,而这些焦虑大多集中在对孩子学业成绩的反应上。许多家长不能正确理解"爱"的真谛,不自觉地把成人的恐惧、贪婪、功利心当作"爱心"传输给孩子;家庭话题被限制在学习成绩上,父母对孩子的"好"仅限于经济需求的满足,跟孩子几乎没有共同话题;等等。这种焦虑状态蔓延,影响生活和教育质量。

教育过度主要表现为"内卷化",认为家庭教育就是学习的教育,学习的教育就是做作业、上补习班、上兴趣班;过早、过多、过快地灌输知识;一味提要求,为孩子设定过高的目标;过长占有孩子的玩耍时间;过密的言语和讲道理;等等。

教育过度的后果就是很多孩子在早期学习成绩很优秀,但到了中学就丧失了对学习的兴趣,上了大学之后失去理智地"补偿"自己不快乐的童年,有些还用伤害自己、辍学等方式来"报复"家长。他们无法很好地完成学业、缺乏目标和动力、缺乏责任感,甚至无法适应社会,难以在职业上有成就和创造。轻视品德教育的结果,是未成年人犯罪事件的频发。

（二)简单、粗暴的教养方式——过度严厉或过分唠叨

很多孩子从小就在父母的强要求、高期待、否定、批评与指责中生活,大多时候听到的都是"你一定/应该/必须""如果你学习不好,你的人生就完蛋了"……孩子始终处于紧绷状态。而当孩子完成某件高难度的事情时,家长会认为"没有什么了不起",而当没有完成时,家长指责孩子"你每件事情都做不好"等。孩子感到自卑沮丧,觉得"不配拥有好东西"。

有些家庭还会过度惩罚孩子,一旦孩子做事达不到家长的预期,家长没有经过教育就直接用语言或身体暴力惩罚孩子。慢慢地,孩子就会产生两极想法,一边怨恨父母、全盘否定父母对自己的付出,另一边又感到自责、觉得自己没有用、应该感激并且无条件地

满足父母的要求。内心的激烈碰撞积累到一定程度就会造成情感分裂甚至患上精神疾病。

有些家庭中有一位或多位强势的家长,凡事过分控制、指责、唠叨,强制要求家人必须按照她(他)的想法来生活,让孩子内心产生深深的窒息感,无力可逃。有些父母为孩子做很多超出自己能力范围的事情,比如放弃工作、舍不得吃穿和休闲享受、花大笔钱给孩子请名师补习、斥巨资甚至借债给孩子上名牌私立学校,然后告诉孩子"我为你付出了这么多"。孩子背负这些过重的负担,感觉被"情感绑架"或"道德绑架",他们把学习仅仅当成了报答父母的方式,却无法享受学习中的真正乐趣。

教育过度,再加上家长长期简单粗暴的教养方式,会使孩子的情绪压力增多却无法释放,孩子就容易走向极端。近年来,有关于亲子吵架后孩子冲动跳楼、跳河轻生,中小学生抑郁症患者数激增的新闻报道增多,在相当程度上也反映了这个社会问题,需要广大家长深刻反省。

(三)家庭角色错位、家庭功能缺失

很多的家庭走在另一个极端——轻视甚至忽视家庭教育,存在"过度工作化"现象。有的家长认为孩子教育是学校的事情,与自己教育不教育关系不大,加上自己忙,无暇顾及孩子的学习;有的家长则认为家庭教育是空洞理论,树大自然直,对孩子放任自流。父母都在拼命地工作,把自家孩子的心理和情感需求忽略了。有些孩子反映:"我好想离家出走,那个家太压抑了。我爸妈可以3个月不说一句话。"在一些家庭中,孩子的爷爷奶奶或者外公外婆进入家庭成为"主导",三代人无法和谐相处,矛盾频发,"像一锅粥那样在煮着"。孩子在这样的家庭里感觉不到温暖,甚至有疏离和被抛弃的感觉。尤其在留守儿童较多的地区,这些孩子很容易被社会不良团体所吸引和教唆,做出违法犯罪的事情。

(四)亲子之间变成功利化的关系

有些家长言行中给孩子传达的是"你必须优秀我才爱你""你必须听我的话我才爱你""你考不上名牌大学我们家还有什么脸见人""你不好好学习,我和你爸就离婚"……当家庭中的亲情变成纯功利化的爱,被加入了带着"条件"才能交换而来的爱,孩子就会陷入深深的迷茫:"我不知道生活还有什么意思。"

还有些家长可能会存在过度褒奖。孩子有点小进步,家长就不切实际戴高帽,给孩子过度的物质奖励,还拿来贬低别的孩子。孩子会被假象迷惑进入一种"全能自恋"。这样的孩子容不得自己犯错、无法容忍失败,遇挫折就强烈地自我攻击,或者干脆自甘堕落。

不仅在职场,现在许多大学生和中学生就已经显得非常功利化。学校每公布一项志愿活动招募,都有学生来问:"这个活动能加分吗?对我升学和找工作有利吗?"他们已经丢掉了助人为乐的初心,更加丢失了自己的道德感和社会责任感。

长此以往,亲子之间变成功利化的关系,孩子的品行堪忧,难以适应社会。种种教育乱象,让人痛心疾首。有觉醒的父母,都在呼唤文明的、科学的家庭教育!

第二节 当代家庭教育发展趋势

一、家庭教育的理念

人民日报曾撰文《教育改革要从家长教育开始》，里面提到了家长的 5 个层次（图 1-2）。从下往上，分别是：舍得给孩子花钱；舍得为孩子花时间；家长开始思考教育的目标问题；家长为了教育孩子而提升和完善自己；家长尽己所能并以身作则，支持鼓励孩子成为最好的自己。这值得家长对照自己目前所处的位置，并清楚自己要努力的方向。

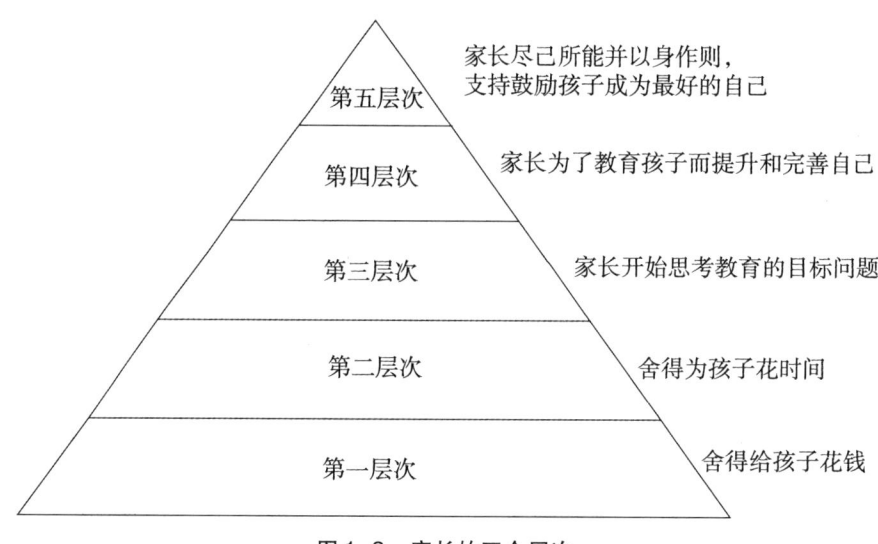

图 1-2　家长的五个层次

广大家长要树立正确的家庭教育理念，摒除社会不良之风的影响，带领孩子身心健康地发展，有以下几个要点。

（一）以爱国爱家爱己为目标

小家国，大国家，小家安，大国定。父母修，子女正，家道齐，天下平。无论何时，家长都不要忘了，家庭教育的根本目标是教孩子如何做人，首先是一个爱国、爱家、爱自己的人，有家国情怀，向上向善。这个过程最重要的是父母的修行。父母重言传、重身教，教知识、育品德，身体力行、耳濡目染，才能帮助孩子"扣好人生的第一粒扣子，迈好人生的第一个台阶"。

（二）回归平常心，学习教育的规律

焦虑的家长、过度的教育，都是从外部向孩子强行灌输、施压，而没有唤醒孩子内在的"天然学校",孩子的生命力逐渐变得僵硬,失去了灵性。只有回归平常心,认真观察和学习,才能找到培养孩子成材的真正规律。

2021年7月,中华人民共和国国务院办公厅印发《关于进一步减轻义务教育阶段学生作业负担和校外培训负担的意见》,即"双减"政策,从国家层面,指引全社会及所有家庭放下对孩子"智育"的盲目执念。

《中华人民共和国家庭教育促进法》规定:尊重未成年人身心发展规律和个体差异,贯彻科学的家庭教育理念。未成年人的父母或者其他监护人实施家庭教育,应当关注未成年人的生理、心理、智力发展状况,尊重其参与相关家庭事务和发表意见的权利,合理运用以下方式方法:①亲自养育,加强亲子陪伴;共同参与,发挥父母双方的作用。②相机而教,寓教于日常生活之中。③潜移默化,言传与身教相结合。④严慈相济,关心爱护与严格要求并重。⑤尊重差异,根据年龄和个性特点进行科学引导。⑥平等交流,予以尊重、理解和鼓励。⑦相互促进,父母与子女共同成长。⑧其他有益于未成年人全面发展、健康成长的方式方法。

家长要敬畏育儿常识,要明白每一个孩子当前的行为,都是先天与后天共同作用的结果。不要撒手不管,也不要认为教育能够改变一切;不迷信别人的方法,也不拿自己的孩子跟其他孩子比;避免使用蛮力,蛮力反而让孩子陷入成长的困境。

(三)"向内"回归初心——生活即教育

家庭教育应从以学业为中心,转向以生活为中心。我国著名的教育学家陶行知先生说过"生活即教育"。作为父母,认真生活,就已经在认真教育。当今社会电子产品网络语言过度进入生活,我们的精神很容易受到虚幻的思想影响,人与人之间的关系变得淡薄、脆弱。只有回归"现实生活",才可能不被"虚拟生活"所吞噬。未来人生中孩子最重要的人际关系,如恋爱婚姻、职业规划都与生活息息相关。在生活中,人与人之间有大量的互动体验和情感交流,亲子之间的合作能够培养孩子的统筹能力、判断力、行动力、社会交往能力等多种能力。"身教大于言教",生活要靠劳动来创造,生活是家长身教最主要的场景,父母榜样的力量在此发生。

生活也是家长享受陪伴孩子成长的过程。家长热爱生活,善于发现和欣赏现实生活的艺术和美景,能够提升孩子的审美能力。家长在生活点滴中发现孩子品格的缺陷并及时纠止,给予正向的引导,塑造孩子的良好品德,帮助孩子树立积极的生命理想,这些都是书本无法替代的。

(四)"向外"的教育——家校社三教结合

《中华人民共和国家庭教育促进法》规定:家庭教育、学校教育、社会教育紧密结合、协调一致。

孩子生活在家庭、学校和社会3个空间里面,这3个空间里的教育者必然会有交集。如果这3个空间在同一件事情上的处理不一致,孩子就会感觉到混乱,无所适从。因此家长作为第一责任人,应主动承担起学习和沟通的任务,才能与学校和社会形成有效的合作,给孩子有力的支持和指引。父母在与学校和社会机构合作教育的同时,也起到了示范作用,对孩子的社会化发展也是非常重要的观摩学习。

（五）重视家庭结构平衡

现代化的家庭教育的目的是让孩子顺利完成社会化。教育过程是孩子与父母不断分离，最终顺利实现社会化的过程。孩子小时候必须获得足够的安全感，对父母和家庭有归属感，而当孩子成年之后，从经济、生活、思想上均实现独立，家庭教育的使命才能基本完成。因此，父母在整个教育过程中要有全局观和发展观，始终看到教育的目标是让孩子成年离开原生家庭之后，能够做一个独立自主、身心健康、对社会有用的人。

美国鲁道夫·德雷克斯在儿童心理学奠基之作《孩子的挑战》一书中提出：如何在尊重孩子、给孩子平等自由的同时，让孩子尊重规则、承担责任、赢得合作，这是现代教育的基础课题，也是现代父母要面对的永恒挑战。对于父母来说，既要给予孩子"爱和尊重"，又要让孩子"守规则""有担当""善合作"，这些尺度的把握有着非常丰富的学问，一旦掌握其中的规律和艺术，教育就会变得轻松且意义非凡。

在家庭中，如果父亲和母亲的角色和分工不明确，家庭结构失去平衡，那么孩子的"分离感""归属感""社会化"都难以顺利完成。

案例分享

一位妈妈曾带着16岁的独生子来到咨询室，孩子被诊断为轻度抑郁。他每次一回到家就埋头看手机，在学校人际关系很差，没有朋友，学习成绩原来很优异，但现在一落千丈。爸爸过于严厉，妈妈太过宠溺。父母的教养方式走向两个极端。妈妈为了照顾孩子，一直不敢出去工作。平时孩子上学后经常打电话给妈妈说忘了带笔或者作业，这时妈妈一定会马上飞奔送过去……母子俩的"脐带"还没有被剪断。儿子在人际关系中渴望得到他人无条件的关爱，一旦得不到，就"逃"到妈妈的怀抱中，逃到虚拟的网络世界，无法面对学习和人际关系中的挫折和困难。儿子退行到"婴儿"阶段，与妈妈没有边界，又像妈妈的"情感丈夫"，站不到儿子的位置上。整个家庭结构失衡。

经过一段时间的家庭治疗与妈妈的自我成长，妈妈终于慢慢学会了剪断"脐带"。她开始工作，不再把全部精力放在孩子身上，而是注重经营夫妻关系。她从一些小事开始拒绝儿子的不合理要求，并支持儿子学会照顾自己。儿子虽然一开始感觉到生气，感到"被抛弃"，但慢慢地，他能够体会到独立自主的感觉，也重拾了自信，爱上了学习，跟朋友结下了深厚的友谊，并成功考上了大学。回顾整个过程，儿子感慨地跟妈妈说："幸亏你及时放手了，否则我真的永远长不大。"

由此可见，重视家庭结构的调整，父母之间形成合作关系，才能让孩子在有序的家庭系统中完成他每一个阶段的成长任务。

（六）家教与家风的文化建设

"天下之本在家"，尊老爱幼、妻贤夫安、母慈子孝、兄友弟恭、耕读传家、勤俭持家、知书达礼、遵纪守法、家和万事兴等中华民族传统家庭美德，是支撑中华民族生生不息、薪火相传的重要精神力量，是家庭文明建设的宝贵精神财富。当父母的意识上升到"家文化"的高度时,责任感和使命感自然升华。父母会严慈并济,尊重孩子,愿意聆听孩子,制定适合自己家庭的家规,注重培养孩子的优良品德,看到孩子的优势,不会被一时的分数和成绩所困,亲子之间的矛盾也会在家风建设的过程中找到文明的解决之道。父母更加有能量引领孩子向前发展,并在坚定社会主义信念、根植爱国主义情怀、发扬艰苦奋斗精神、热爱学习、以身作则等方面下足功夫。

二、当代流行的家庭教育方法

联合国于1994年推行"国际家庭年",强调家庭在现代文明社会中要发挥其提供资源和承担责任的特殊功能,强调其对于养育、培养、培训下一代的重要作用。世界各国对于家庭教育的倡导之声越来越强,众多家庭教育理念和方法研究成果百花齐放,对广大家长有着非常宝贵的指导作用。以下节选一些典型的家庭教育方法供大家学习。

（一）游戏力养育与正念养育

养育孩子要靠心法和技法,一动一静、内外结合。游戏力养育和正念养育两种家庭教育方法就非常巧妙地结合了这两个核心。

1.游戏力养育　2000年,心理学博士劳伦斯·科恩提出了游戏力养育的概念,帮助家长用游戏为主的方式解决孩子常见的行为问题,激发孩子内在的自信力,并成为"双向翻译机",重建父母与孩子间亲密沟通的桥梁。他用这个方法在临床工作中处理各种儿童、家庭、婚姻、受虐问题,获得显著的成效。科恩认为孩子的任何行为都在表达着一份合理的内心需求,只不过表达方式有时是无理取闹,例如:事事对抗,每天在幼儿园门口黏着妈妈,经常打人,不好好写作业,总是欺负弟妹等。与孩子有效沟通的第一步,就是及时而准确地"翻译"出隐藏在这些行为背后的需求。第二步,是将我们的关怀、爱心、赞赏、鼓励、期望和界限等"翻译"成让孩子更容易理解和接受的语言——游戏。如果我们想告诉孩子什么,那么最好的方式是"玩给他看",而不是"说给他听"。孩子会在玩中学知识、懂得道理与建立自信。游戏力养育最核心的3个元素是联结、向内看和轻推（图1-3）。

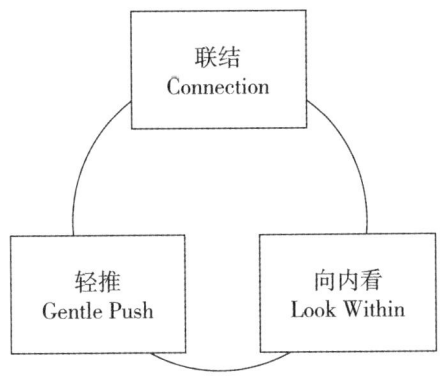

图1-3　游戏力养育中的三要素

(1)联结:家长首先和自己、和孩子建立深入的情感联结。亲子关系是第一位的,是一种积极关系,比如信任、接纳、爱、欣赏,甚至是真诚的道歉、共享快乐和欢笑的时刻,分担烦恼和痛苦的瞬间。真实地看到每个孩子原本的样子,"如其所是,而非如你所愿"。亲子间联结得越深,就越懂得彼此;越懂得彼此,就联结得越深。

(2)向内看:向内看自己、看孩子内心的需求。这意味着通过反思发现最深层的养育价值观,通过暂停来避免冲突反应,找到内心深处更安静的声音,并且看向孩子的内心,看到他表面行为下的感受和需求及深层内涵。

(3)轻推:轻推自己、轻推孩子。这种方式既坚定又有爱,既有指引又没压力,是在过度放任和严厉逼迫之间找到一条中间道路。有些孩子在面对新事物、困难和恐惧时,会逃避、僵住、吓得情绪崩溃,轻推对于这样的孩子尤其适用,是帮助他们克服生活中的各种犹豫和恐惧的基础。孩子需要被推,因为合适的风险和挑战有利于培养抗挫力。但这个推力一定要轻,这样才不会让人感觉无法承受,才不会破坏父母和孩子之间的亲子关系。

2.正念养育　卡巴金在《每日祝福:正念养育的内部运作》中最早提出正念养育这一概念,用于指父母有意识地将"此时、此地、非评判性的注意"带入养育孩子和家庭中,以便更深入理解孩子和父母自身。有研究表明正念养育可以调节母亲焦虑与儿童心理社会问题之间的关系,母亲通过长期的正念练习,对自己能力感知和与养育相关的自我认知更加积极。正念养育也因此被用作改善亲子关系的工具,其中有3个子概念。

(1)自主权,包括认可、鼓励儿童的内在自我。

(2)移情作用,即努力从儿童视角看待事情,理解在特定情境中儿童所思的和所感。

(3)接受,即对儿童内在自我、情感、想法和观点的充分接受。

作为一种融合东西方哲学智慧、谛听当下、开放包容的教养理念,正念养育不仅仅是一种新的方法技能的组合,也是一种新的认识论取向。中国传统文化与科技的结合,有利于正念养育理念深入现代家庭教育实践。

(二)PET父母效能训练、正面管教、教练式父母和合作式养育

在与孩子的沟通和行为引导上,心理学家和教育学家们创造出了很多简单实用的方法,家长们通过学习变得越来越像孩子的教练,亲子之间越来越有"合作伙伴"的意味。其中较有代表性的教育方法有PET父母效能训练、正面管教、教练式父母与合作式养育。

1.PET父母效能训练　3次被提名诺贝尔奖的美国著名人本主义心理学家托马斯·戈登博士,于1962年创建了PET父母效能训练,开发了一系列用于改善父母与孩子的沟通以及解决问题的技巧。这些技巧包括积极倾听、我-信息和没有输家等,以行为窗口为分析框架,告诉我们如何达到父母和子女的"双赢",不仅能收获"母慈子孝"的亲子关系,而且能帮助孩子人格独立、心理成熟,如今广泛应用于各类不同的沟通场合和沟通理论。PET有6个原则。

第一,真实、接纳的原则。接纳孩子,前提是父母接纳自身,做真实的人。真实的父母不会让孩子觉得刻板、教条。

第二,行为窗口分析模型。行为界定无须断定"谁对谁错",而是区分"可接受与不可接受",每个家长都可以有自己的接受范围,大家都做真实的自己。

第三，问题归属原则：判断采用什么技巧的依据。分析孩子的行为时，需要"问题归属原则"，简单说就是"谁有问题谁负责"。这个谁有问题，不是指谁做错了，而是谁遇到了问题、谁的需求没有得到满足的意思。例如，早上赶时间让孩子起床吃饭，把孩子送幼儿园或者送学校后才能去上班。父母觉得时间特别紧急，但孩子一点儿也不着急。我们可能会觉得孩子太拖拉了，是他的行为"有问题"，但 PET 认为这是家长的"问题"，因为是家长自己"赶快、准时上班"的需求得不到满足。分清问题归属，就可以采用不同的技巧来应对，从而让孩子和父母各负其责，父母也不需要压抑自己来满足孩子的需要。

第四，当孩子遇到问题，用第一个技巧"积极倾听"。给孩子时间，听孩子说出所有心里的话，还需给孩子有效的共情回应，能够准确、包容地总结出孩子具体的情绪感受。

第五，当父母遇到问题，用第二个技巧"我-信息"。父母遇到问题了，用"我-信息"就要回到我们自身，讲出我们自己的感受，不是"你真烦人"，而是"我太累了""我心情不好"。表达公式是：我-信息 = 行为 + 感受 + 影响，例如："衣服都扔在地板上，这让我很烦躁。一下子又会变得皱巴巴，我就得再花时间熨一遍。"当我们这样跟孩子沟通，并没有暗示说孩子的行为不对，更没有任何威胁的意思，孩子就会主动地体谅，并为自己的行为造成的影响承担责任。

第六，不可避免的亲子冲突，用第三个技巧"双赢法"。当父母和孩子双方都遇有问题，在同一件事情上发生了不可避免的需求冲突，这时可以积极地寻求同时满足双方需求的方法。

案例分享

辛迪总是不愿意收拾自己的房间，妈妈不停地唠叨她，两个人都很烦。妈妈决定试试 PET 的"双赢法"。女儿开始不相信："我知道，到最后我还是必须照你说的保持房间整洁。"妈妈再次解释这个方法："不是的，我们要找到一个绝对能让我们两个都喜欢的方案，不是只有我满意。"

于是女儿提出了一个主意："你讨厌做饭，但是喜欢收拾房间。而我呢，讨厌收拾房间，但还蛮喜欢做饭的，而且我也想多学点烹饪的手艺，要不我每个星期给家里做两顿饭，你每周打扫一两次我的房间，你觉得这个主意怎么样？"就这么简单，她们之间的冲突解决了。

当我们深信父母和孩子都是独立的个体，都有自己独有的需求，也有满足这些需求的权利，平等相待，尊重对方的需求和感受，陪伴彼此，就不至于孩子越大亲子间越疏离，甚至关系破碎，而孩子也可以健康成长，成为他真实的自己。

2. 正面管教　简尼尔森开发出了正面管教课程，是一种既不惩罚也不娇纵的管教孩子的方法。简尼尔森认为，孩子只有在一种和善而坚定的气氛中，才能培养出自律、责任感、合作以及自己解决问题的能力，学会使他们受益终身的社会技能和生活技能，才能取得良好的学业成绩。正面管教中开发了多种家庭教育的工具，例如日常惯例表、特别时光、细小步骤、选择轮、鼓励/表扬练习、转移注意力及引导、倾听、有限的选择、家庭会议、积极的暂停、修复错误三部曲、有限的屏幕时间、启发性的问题等。

3. 教练式父母 黛安娜·斯特林在《爱,听得见——教练式父母方法》一书中提出"教练式父母"的概念,总结"教练七步法"。她认为父母是当仁不让而又不可推脱的首任亲子教练,首先应履行父母养育职责,保证孩子身心健康成长、潜能得以开发并有自爱的能力。其次支持孩子完善心智模式,培育责任感,唤醒内在动力,识别人生梦想,设计自己的人生之路,像运动员一样创造属于自己的人生金牌。教练式父母应具备以下几种能力。

第一,要有能力教。包括足够聆听、发问、区分及回馈当事人的能力。

第二,要会提问。善于向孩子提那些赋予他人力量的问题,而非令人泄气的问题。

第三,要进行训练。能耐心和富有爱心地对孩子进行重复、训练、习惯、不断强化,使孩子心智更完善,学会智慧地生活和面对未知的未来。

第四,要设定目标。为了达到预期的目标,与孩子进行深入而充分的研讨。

第五,要打造一支卓越的家庭团队。创造和谐和温馨的家庭,将每个人都发挥所长,呈现极具创造力和凝聚力的家庭团队。

第六,不断追求卓越。最终目的不是赢得比赛,而是更高、更快、更强,让家庭中的每一位成员的生命活得鲜活。

4. 合作式养育 美国儿童心理学家罗斯·格林教授通过总结自己40多年的专业经验,在《合作式养育》一书中对比三种类型的教育应对模式:A是家长单方面解决问题,B是父母与孩子共同协商,C是家长静观其变,提出家庭教育中的"积极合作式问题解决法",倡导家长用支持、正面、非惩罚、非对抗性的方法,减少挑战性事件,改善沟通,修复关系,解决问题。家长可以放弃唠叨、训斥、威胁、惩罚等手段,允许孩子发表意见,从而解决家庭教育中的各种问题,从家庭作业到个人卫生,从睡前时间管理到看电视、电脑的时间,让家长和孩子都有最好的体验。

(三)家庭治疗

家庭治疗又称家庭疗法,是以家庭为对象而施行的心理治疗方法。在家庭治疗中,由一位或两位家庭治疗师与家庭成员进行访谈,协调家庭各成员间的人际关系,通过交流、扮演角色、建立联盟、达到认同等方式,运用家庭各成员之间的个性、行为模式相互影响互为连锁的效应,改进家庭心理功能,促进家庭成员的心理健康。家庭治疗师也会把一些家庭教育理念穿插在家庭访谈或夫妻访谈中,以帮助他们学习和掌握科学的家庭养育方法,但工作的重点仍然是放在处理"关系"上。

目前国内流行的家庭治疗流派有系统式家庭治疗、萨提亚家庭治疗和结构式家庭治疗。其中结构式家庭治疗具有简洁和实用两大特点,自21世纪进入中国以来,因其治疗思想与儒家治家治国"各归其位,各司其职,不在其位,不谋其政"的思想高度吻合,在中国本土化的实践道路上受到了众多家长和家庭教育工作者的喜爱。

结构式家庭治疗发端于20世纪60年代,由萨尔瓦多·米纽庆创建。治疗的原则是重建家庭结构,改变相应的规则,并将家庭系统僵化的、模糊的界限变得清晰并具有渗透性,设法改变维持家庭问题或症状的家庭互动模式。本书将在第五章从结构式家庭治疗的视角来解读家庭结构的平衡艺术。

萨尔瓦多·米纽庆是阿根廷籍犹太人。他早期是儿童精神科医生,1952年去以色列帮助在大屠杀中流离失所的儿童。2年后在纽约市郊一所收容不良少年的学校担任心理咨询师。他和同事研发了一种"改变家庭脉络"而并非针对"不良少年个人性格或行为问题"的治疗方法，用来帮助这些支离破碎的贫困家庭孩子，并取得了成功。后来就称为结构式家庭治疗，研究成果刊载于《贫民窟中的家庭》一书中。米纽庆把这种治疗方法也用在了工人阶级和中产阶级家庭中，甚至在身患严重身心症的青少年儿童家庭中（如某些糖尿病、反复发作的严重哮喘病和神经性厌食症等），也同样有效。米纽庆认为，身患身心症的儿童，其家庭都有其维持病症的家庭结构问题。目前，在西方国家，结构式家庭治疗是处理神经性厌食症最流行、最有效的方法之一。

结构式家庭治疗能够帮助已经出现严重问题的家庭"及时刹车"，重新调整家庭结构和家庭关系，在治疗中融入家庭教育理念，从而帮助孩子从根源上解决问题，获得身心康复。随着家庭教育意识的提高，有一些成长型的家庭，在孩子尚未出现身心问题之时，就主动向专业人员请教解决家庭问题的方法。在笔者的家庭治疗室中，治疗师就会开展亲子沙盘作为首次家庭评估的途径，邀请家庭成员一起完成亲子沙盘游戏，并通过观察游戏中亲子间、夫妻间的互动模式，加上孩子养育史、症状史的访谈，描绘出家谱图。在评估的基础上，家庭治疗师运用结构式家庭治疗的视角，带领家长重新看自己的家庭结构、家庭关系，找到孩子的问题与家庭关系之间的联系，从而获得新的视角，改变偏差认知，改善不良沟通，重新建立良好的亲子关系，从而支持孩子的身心健康发展。

（四）中华民族家庭教育的传承与创新——《父母规》

近年来世界各地孔子学院的兴起，在全世界范围内掀起了学习中国传统文化的热潮，汲取中华民族的家庭教育智慧也成了潮流。中国古代流传下来孟母三迁、岳母刺字、画荻教子等故事，以及诸葛亮诫子格言、颜氏家训、钱氏家训、朱子家训等名人家训，都是中华民族的教育精髓所在，时至今日都不过时。近年来，曲莫先生把家庭教育融入民族自豪感与使命感——"用生命影响生命"当中，根据自己对家庭教育及传统文化的理解创作了《父母规》，包含三重、六责、六戒、六道、六观、一告、亲子承诺文，集古圣先贤之教与中西方家庭教育，合传统文化与教育学、心理学、亲子学之要义，涵盖教子成长之胎教、育婴、启蒙、学习、处世、婚恋、事业各个层面，在语法格式上与《三字经》相似，采用三字一句，两句或多句连意，阅读轻松，浅显易懂。尤其是近两年，国内掀起了学习《父母规》的热潮，许多家长在深入和系统学习之后，纷纷表示心中有了清晰的家庭教育地图。这是关于父母成长、孩子成长与亲子关系成长的一套生命成长系统，我们不仅要知道如何成为一名合格的父母，还要给予子女生命健康发展必要的支持。

父母规

三、近当代家庭教育典型案例

（一）犹太民族的家庭教育

好的家庭教育产生的能量不可估量。犹太人至今分散在世界各地，虽然犹太民族在历史上有很长时间没有自己的国家，却在经济、科学和艺术等方面为世界贡献了一大批杰出的人才，如马克思、达尔文、弗洛伊德、爱因斯坦……据统计，犹太人在世界上的人口只占0.3%，但在顶级国际科学奖项中，犹太人拿走了17%的诺贝尔奖、38%的美国国家科学奖、25%的京都奖、27%的数学菲尔兹奖、38%的数学沃尔夫奖。国际教育学专家们一致认为，犹太人的能力及对世界做出的贡献归根于犹太人融合了智慧精华的家庭教育，这种教育使孩子从小就在生活的潜移默化中吸取着民族精髓，其中有几个教育的重点值得我们借鉴。

1. 尊师重教，把学习和拥有智慧当作一生的课题　无论家庭如何颠沛流离，家长绝不让孩子丢弃学业。联合国教科文组织1998年的调查表明，在以犹太人为主的以色列，22%的人办有图书证，14岁以上公民平均每月读一本书。父母教导孩子："假如有一天你的房子被烧毁，你要带走的不是钱或钻石，而是智慧。因为智慧是任何人都抢不走的。"

2. 重视提问，启发思考，勇于创新　家里人碰到放学的孩子，第一句话就是："你今天提问题了吗？"他们崇尚创新，独立思考令头脑更智慧，知道得越多，就越会发生怀疑，而问题也就随之增加。

3. "身教重于言教"，营造良好的家庭氛围　注重营造一个既宽松又有规则，既爱学习又可以玩耍的氛围，从小培养孩子的独立意识，让孩子自己的事情自己做，在劳动兴趣中培养自立精神、自信和勇气。鼓励孩子胜过惩罚孩子。用发展的眼光看孩子，激发孩子的潜能，尊重孩子的想法和兴趣，同时提醒孩子不要和别人的孩子作比较。尊重他人，以德服人，爱己达人，主动承担。

4. 提倡挫折教育，把逆境当作孩子的礼物　家长会鼓励孩子成功受赐于屡次失败，坚信有耐心就会有好的结果，但忍耐也是有限度的，在忍无可忍时要及时发声。保持乐观积极，如果已经身处逆境，唯有积极的心态才能找回希望。命运就掌握在自己的手中，为了自己的目标而努力并实现。

5. 以诚待人，信守承诺，契约精神　家长会教育孩子们与人交往时表现出真诚，入乡随俗，注重礼仪，放下偏见，并善于倾听。体谅和理解，对朋友不愠不火，并学会"艺术地"拒绝。注重培养孩子的团队意识，在社交中必要时保持沉默。游刃有余地固守法律，坚信"违法者必然遭到报复"，所以即使吃亏也要遵守契约，即使是口头的允诺也一样。认为时间观念决定人生走向，做事不拖延，不去浪费他人的时间，不做时间的奴隶。

6. 取财有道　犹太人坚信用知识赢得财富。他们鼓励孩子向内行人求教，细心观察、眼光长远才能创造财富。一点一滴地积累财富，收入要始终超过支出，投资时间越早越好，拥有富人的思维。

（二）"一门三院士，满庭皆才俊"的梁启超家族

"中学为体，西学为用"，中华民族5000多年来祖先传下来的教育精华，包含着我们民族教育的核心理念、价值观和原则方法,这是主体。西方近一百年多年来快速发展出来的创新理念、行为方法、工具和产品等,还有其他民族优秀的传统教育理念,均可作为我们教育思想和方法的重要补充。在这方面践行较好的典型代表就是"一门三院士,满庭皆才俊"的梁启超家族。

作为中国近代思想家、政治家、教育家、史学家、文学家,在事业上成功的梁启超同样在家庭教育上硕果累累。他的9个儿女在历史、建筑、经济、社会、军事、科技等不同的领域为国争光,个个都是国家栋梁,其中3位还是为新中国做出了杰出的贡献。

长女梁思顺,是一名文学史者——诗词研究专家。长子梁思成,是著名的建筑学家,为中国的民族建筑及文化传承做出了杰出贡献。次子梁思永,是著名的考古学家,是中国近代考古学的开拓者之一。三子梁思忠,是军官,回国后担任炮兵校官。次女梁思庄,是图书馆学领域首屈一指的专家,回国后投身于我国图书馆事业的建设中。四子梁思达,是经济学研究学者,参与编写了《中国近代经济史》一书。三女梁思懿,是著名的社会活动家,多次代表中国参加国际红十字会议。四女梁思宁,是革命工作者,参加革命工作数十年。五子梁思礼,是著名的火箭控制专家,"国际宇航科学院院士"和"中国科学院院士",为祖国从无到有的火箭控制系统事业贡献了自己毕生的才智,是我国航天事业的开拓者之一。

教育家总结,梁启超教育子女的成功在于他有着强大而有创意的家庭教育观。

1. 重视爱国主义教育——报效祖国是第一要务　梁启超曾著书《少年强则国强》:"少年强则国强,少年富则国富,少年独立则国独立,少年自由则国自由,少年进步则国进步。"他的子女大多数出国留学,学成后全部回到祖国为国效力。有人曾经问他最小的孩子、著名火箭控制专家梁思礼:"你从父亲那里继承下来最宝贵的东西是什么?"他回答说:"爱国。"

2. 注重亲子陪伴与情感交流,平等对待　梁启超无论多繁忙都抽出尽可能多的时间去陪伴孩子,即使孩子不在身边,他也怀着极大的热情给孩子们写信,累计超过几十万字:"你们须知你爹爹是最富于情感的人,对于你们的爱,十二分热烈。"他对9个性格迥异的每个子女没有厚此薄彼,没有重男轻女,甚至对女婿和儿媳,也并不吝啬自己的赞美。

3. 学习重过程而非结果,保持乐观,享受追求学问的乐趣　梁启超信奉的教育是曾国藩的"莫问收获,但问耕耘"。不管是学习还是做事,不能只想着回报和酬劳,更要想着把事情做好,耕耘好自己的一片天地,重在过程。学习不必太求猛进,像装罐头样子,塞得越多越急,不见得便会受益。

4. 尊重孩子人文素养、兴趣和选择　梁启超对待孩子的人生选择非常民主,他认为通达、健强的人生观,比学具体的知识更为重要,能让孩子在逆境中保持乐观的态度,帮助他们战胜困难。"凡人必常常生活于趣味之中,生活才有价值。在对社会有用的基础上,一定要选择自己喜欢的专业,兴趣非常重要。"他怕梁思成学建筑学太久变得无趣,就写信告诉他要分点时间去学些文学或人文学科,因为所学太专生活容易单调,生活容易厌倦就有苦恼,容易堕落。他曾建议二女儿梁思庄学生物学,因为这个专业当时在国内奇缺,学成之后肯定会大有前途,但女儿表示不喜欢,他也接受:"我所推荐的学科未必合你的式,你应该自己体察做主。"

（三）昌盛了17代的贝聿铭家族

当代闻名世界的建筑学家贝聿铭被誉为"现代建筑的最后大师"。他出自贝氏家族,贝氏一族至今已延续到了第17代。贝家人的家史有很多精神的传承。

1. 以德为先　贝氏一族从未出过"败家子"。"君子之泽,五世而斩",为什么那么多曾经辉煌的家族都逃不过兴衰起落的命运,而贝家却是个例外？这个秘诀就是贝家一直秉承的家训:"以产遗子孙不如以德遗子孙；以独有之产遗子孙,不如以公有之产遗子孙。"无论男女皆必读书,男子必须工作。长幼有序,兄友弟恭,没有家族纷争。有能力者兼顾照应家人,被照顾者常怀感恩之心。选择伴侣时不重美貌,首选才德。

2. 坚守承诺　贝家先人以医药起家,最初并非大富之家。在商人大多逐利轻义的世道里,贝家从来以义气为重,与众不同。有一次贝和宇遭遇抢劫,同时带在身边的是自己的药材、钱款和合伙人的委托款。仓促之间贝和宇几乎没有思考便带着合伙人的委托款逃走,结果当然是自己的货物被洗劫一空。不过虽然这次损失不小,但委托人的财物能够被原数奉还,这为贝家赢得了守信重诺的好名声,得到了当地百姓的信赖。

3. 重视教育　第四代子孙贝启祚英年早逝,只留下高堂、幼子和一位夫人。夫人程氏本想殉节而死,想到唯一的儿子年仅7岁,公婆又已经年迈,只能含悲忍痛侍奉双亲、养育幼子。孤儿寡母,经济状况并不乐观,除去生活开支已经没有余钱供孩子上学了。好在程氏识文断字,亲自教导独子读书识字。这个孩子长大以后,重整家业让贝氏的祖业又恢复了往日的繁荣。

4. 达则兼济天下　贝家从始至终都在竭尽所能帮助乡里。贝慕庭这一辈家底逐渐殷实,凡遇灾年,贝慕庭必定开仓放粮救济灾民,并以低于市场的价格出售自家粮食。

有了财富作为基础,贝家人也开始遵循自己的意愿向不同领域发展。从军、从政、文学、收藏、艺术,不一而足,不论哪个领域都游刃有余。贝聿铭作为家族的第15代,他的三子一女也早已在各自行业成为佼佼者。

这样的家族穷时至少能够做到独善其身,而富有也必会兼济天下。正所谓"积善之家,必有余庆",福虽未至而祸已远矣。

本章思考

1. 您最近关注到的社会问题有哪些？这些问题能在家庭教育中找到哪些根源？

2. 请对比当今流行的家庭教育理念及典型案例,找出国内外家庭教育理念的异同,并写下您的启发和思考。

第二章 适时而教的艺术

孩子的出生为家庭带来全新的生活体验,孩子在改变着家庭,家庭环境也在塑造着孩子。从福禄贝尔的"人性教育"、杜威的"经验与历程说",到蒙台梭利的"敏感期儿童发展观"、华德福的"人智学"、瑞吉欧的"生成式弹性教育"、皮亚杰的"儿童认知发展阶段论"、维果茨基的"最近发展区论",再到加德纳的"多元智能理论"、维卡特的"高瞻理论"等,全球在促进儿童青少年身心健康发展领域不断推陈出新,这些成果虽在教学方法上各有千秋,但无一例外地遵循"万物皆有时"的原则。

中国古语有云:"三岁看大,七岁看老。"早期教育影响人的一生。流传了几千年的《黄帝内经》也认为人的身心发展是有规律可循的。例如"女七男八",即女性每七年、男性每八年为一个单位,每两个单位交替出现的时期,都会有一些明显的身心变化。孩子从出生至成人,是一个逐渐成熟的过程。"拔苗助,徒且误",家长切忌以统一和一成不变的标准衡量孩子。了解每个阶段孩子的身心发展特点与养育重点,家长才能做到"心中有地图",不慌不忙,不卑不亢,给予孩子最有力的支持和引导。本章第一节选择4个典型心理学与教育学理论,分享儿童阶段性的发展规律,后面六节则综合前人研究的理论和实践,来阐述孩子成长各阶段的家庭教育要点。

第一节 心理发展阶段的划分

西方心理学与教育学同样就人格、认知、道德等维度提示了发展规律(表2-1)。

表2-1 心理学家对不同年龄阶段的心理发展阶段划分

阶段	时期	弗洛伊德 性发展阶段	埃里克森 心理社会发展阶段核心任务	皮亚杰 认知发展阶段	皮亚杰 道德发展阶段
1	婴儿时期 (0~1.5岁)	口欲期	根本的信任感与不信任感	感知运算 感知运动图式	
2	儿童早期 (1.5~3.0岁)	肛欲期	自主性与害羞和怀疑	感知运算 动作适应环境	前道德阶段 "自我中心"

续表 2-1

阶段	时期	弗洛伊德性发展阶段	埃里克森心理社会发展阶段核心任务	皮亚杰认知发展阶段	皮亚杰道德发展阶段
3	学龄早期（3~6岁）	性器期	主动与内疚	前运算 泛灵与自我中心	他律阶段 "权威至上"
4	学龄中期（6~12岁）	性潜伏期	勤奋与自卑	具体运算 守恒与可逆	初步自律阶段 "可逆性"
5	青春期（12~18岁）	生殖器期	自我同一性与角色混乱	形式运算 抽象逻辑推理	自律道德阶段 "公正至上"
6	成年早期（18~25岁）		亲密、友谊与孤独		
7	成年中期（25~65岁）		生育与停滞		
8	成年后期（65岁以上）		自我整合与绝望		

以下挑选几个典型理论来分享，帮助大家构建儿童发展观的概念。

（一）弗洛伊德的性发展阶段论

奥地利心理学家西格蒙德·弗洛伊德认为，人格发展的顺序依次可分为 5 个时期。其中前 3 个时期是以身体的部位命名，因为 6 岁以前的个体，其本我中的基本需求，是靠身体上的部位获得满足的，是一种被称为"力比多"的驱动力。如果一个人在每个时期不能顺利地度过，就会留下心理创伤，即使在成年后还会影响着一个人的发展，表现为固着或者退行。

固着，即如果一个人在这 5 个阶段满足得太多或者太少，都会导致这个人的心理固着在这个阶段，会持续寻找这个阶段的满足方式。退行，即一个人在高级阶段受到了挫折，就会退行到低级阶段，去寻求低级的满足。例如有些人在遇到巨大的困难和不知所措时，有咬手或吸烟的习惯，其实都是退行到了婴儿时的口欲期。因此，了解孩子每个阶段的本能驱动力，我们就可以理解孩子的行为表现，不会感到奇怪或焦虑。当孩子产生退行或固着时，我们首先要接纳孩子"出现问题"，并且积极地帮助孩子回到相应的阶段去完成积极的"补偿"或疗愈，帮助孩子恢复到当下年龄对应的健康状态。

（二）埃里克森的人格终生发展论

美国著名精神病医师埃里克森的"人格终生发展论"为不同年龄段的教育提供了理论依据。他认为人的自我意识发展持续一生，将发展过程划分为 8 个阶段（表 2-1）。每个阶段相应的核心任务得到恰当的解决，就会获得较为完整的同一性，否则就会出现个人同一性残缺、不连贯的状态，处理的成功与失败即为两个极点。例如婴儿期时的成功状态是基本信任的状态，失败的状态则是基本不信任的状态。

1. 婴儿时期（0~1.5岁）：根本的信任感与不信任感的心理冲突　这期间孩子慢慢

开始认识人,当孩子哭或饿时,"父母是否出现"是建立信任感的重要问题。信任将会在人格中形成"希望"的品质,敢于希望,富于理想,具有强烈的未来定向。反之则容易处在焦虑状态,时时担忧自己的需要得不到满足。

父母的任务:给予孩子充分的安全感与信任感。

2. 儿童早期(1.5~3.0岁):自主性与害羞和怀疑的冲突 这期间儿童掌握了大量的技能,如爬、走、说话等。更重要的是学会了怎样坚持或放弃,即开始"有意志"地决定做什么或不做什么。父母与子女的冲突很激烈,也就是第一个反抗期的出现。一方面父母帮助孩子养成良好的习惯,如按时吃饭、节约粮食,使他们对肮脏的随地大小便感到羞耻等;另一方面父母会遇到挑战,孩子开始坚持自己的进食方式和排泄方式。孩子会反复用"我""我们""不"来反抗外界控制,而父母决不能听之任之,这将不利于儿童的社会化。反之,若过分严厉,又会伤害儿童自主感和自我控制能力。如果父母对儿童的保护或惩罚不当,儿童就会产生怀疑,并感到害羞。因此,把握住度的问题,才有利于在儿童人格内部形成"意志"的品质。

父母的任务:培养孩子自主吃、喝、拉、撒、睡的良好习惯,学会自主选择与自我控制。

3. 学龄早期(3~6岁):主动与内疚的冲突 这期间如果幼儿表现出的主动探究行为受到鼓励,这会为他将来成为一个有责任感、有创造力的人奠定基础。如果成人讥笑幼儿的独创行为和想象力,那么幼儿就会逐渐失去自信心,这使他更倾向于生活在别人为他安排好的狭窄圈子里,缺乏自己开创幸福生活的主动性。当儿童的主动感超过内疚感时,他就有了"追求目标"的品质。

父母任务:肯定、鼓励与培养孩子的主动性与创造力。

4. 学龄中期(6~12岁),勤奋与自卑的冲突 这一阶段的儿童都应在学校接受教育。学校是训练儿童适应社会、掌握今后生活所必需的知识和技能的地方。如果能顺利地完成学习课程,他就会获得勤奋感,这使他在今后的独立生活和承担工作任务中充满信心。反之,就会产生自卑。另外,如果儿童养成了过分看重自己的工作的态度,而对其他方面木然处之,他日后的生活也乏善可陈。当儿童的勤奋感大于自卑感时,他就会获得"有能力"的品质。

父母任务:帮助孩子获得勤奋感与自信。

5. 青春期(12~18岁):自我同一性与角色混乱的冲突 一方面,青少年本能冲动的高涨会带来问题;另一方面,更重要的是青少年面临新的社会要求而感到困扰和混乱。所以,这时期的主要任务是建立一个新的同一感或自己在别人眼中的形象,以及他在社会集体中所占的情感位置。这一阶段的危机是角色混乱。

埃里克森把同一性危机理论用于解释青少年对社会不满和犯罪等社会问题上,他说:如果一个人感到环境剥夺了他的权利,他就将以惊人的力量抵抗社会环境。他宁做一个坏人,或干脆死人般活着,也不愿做不伦不类的人,他自由地选择这一切。随着自我同一性形成了"忠诚"的品质。

父母任务:帮助孩子找到他自己,成为他自己。

6. 成年早期(18~25岁):亲密、友谊与孤独的冲突 只有具有牢固的自我同一性的青年人,才敢于冒险与他人发生亲密关系。因为与他人发生爱的关系,就是把两个不同人的同一性融合一体,获得亲密感,否则会产生孤独感。

父母任务:与孩子完成心理上的分离,让孩子拥有自己的亲密关系、同伴关系与社会关系。

7. 成年中期(25～65岁):生育与停滞的冲突　当一个人顺利度过了自我同一性时期,他将生儿育女,关心后代的繁殖和养育,将过上幸福充实的生活。生育感有"生"和"育"两层含义,一个人即使没生孩子,只要能关心孩子、教育指导孩子也可以具有生育感。反之没有生育感的人,其人格贫乏停滞,他们只考虑自己的需要和利益,不关心他人(包括儿童)的需要和利益。人们不仅生育孩子,同时要承担社会工作,这是一个人对下一代的关心和创造力最旺盛的时期,人们将获得"关心"和"创造力"的品质。

父母任务:完成系统间的分离,当了祖父母(外祖父母)的要尊重子女核心家庭的独立性。

8. 成年后期(65岁以上):自我整合与绝望的冲突　由于衰老,老人的身体状况越来越差,对此他们必须做出相应的调整和适应。当老人们回顾过去时,可能怀着充实的感情与世告别,也可能怀着绝望走向死亡。自我整合是一种接受自我、承认现实的感受,一种超脱的智慧之感。如果一个人的自我整合大于绝望,他将获得智慧的品质。埃里克森把它定义为"以超然的态度对待生活和死亡"。老年人对死亡的态度直接影响下一代儿童时期信任感的形成。

第八阶段和第一阶段首尾相连,构成一个循环或生命的周期。在每一个心理社会发展阶段中,解决了核心问题之后所产生的人格特质,都包括了积极与消极两方面的品质,如果各个阶段都保持向积极品质发展,就完成了阶段任务,逐渐实现了健全的人格,否则就会产生心理社会危机,出现情绪障碍,形成不健全的人格。

父母可以对照自己和孩子所处的年龄阶段,找到当前所处阶段的矛盾,并思考如何往积极的方向去发展。

(三)蒙台梭利的敏感期儿童发展观

玛利亚·蒙台梭利是20世纪享誉全球的幼儿教育家,她的教学方法从智力训练、感觉训练到运动训练,从尊重自由到建立意志,从平民教育到贵族教育,为西方工业化社会的持续发展,提供了几代优秀的人才基础。蒙台梭利首先强调的是人、遗传素质和内在的生命力,否定奖励、惩罚等强化的作用,要求环境(刺激)要适合儿童的内在需要和兴趣,在宽松、愉快的环境中发展孩子独立、自信、专注、创造等能力,为孩子将来的成长打下良好的素质基础。蒙台梭利设计了服务于儿童自由活动的环境——"儿童之家":一个较大的花园,学生可自由进出;轻巧的桌椅,4岁儿童能随意搬动;教室里放有长排矮柜,儿童可任意取用放在里面的各种教具。

蒙台梭利提出了"敏感期"理论(也称关键期),认为教育者要尊重儿童的敏感期,某种感觉能力在相应时期内出现、消失,当它们出现时,能最有效地学习。忽视了敏感期的训练,就会造成难以弥补的损失,这正是很多儿童低能的主要原因。教育要与儿童发展的敏感期吻合,并且需要个别教学,让儿童按自己的需要自由活动,使个性得到充分发展(表2-2)。

表2-2 儿童发展的敏感期

类型	敏感期	年龄阶段	家庭养育重点	概括
感官敏感期	听觉	0~4个月	听一些柔和的音乐	多给孩子温柔而有效的刺激
	视觉	0~6个月	看温暖柔和的色彩	
	触觉	0~6个月	多抚摸孩子	
	味觉	4~12个月	适当尝一些清淡的味道	
	口腔	4~12个月	允许孩子"吮吸手指"	
动作发展敏感期	手部动作	6~12个月	陪孩子一起"扔东西"	多给孩子活动的机会
	行走	1~2岁	自行学习站和行走	
	动作协调	1~3岁	满足孩子的运动需求	
	细微事物	1.5~4.0岁	欣赏孩子的"小动作"	
	动手	3~4岁	陪孩子一起剪、贴、涂、折等	
语言敏感期	牙牙学语	1.5~2.5岁	多陪孩子说说话	多陪孩子说说话
	语言模仿	2~4岁	帮孩子养成良好的语言习惯	
	自我语言	3~4岁	不要打扰孩子的自言自语	
	诅咒	3~5岁	淡化孩子的诅咒行为	
	认字	4~7岁	为孩子准备象形字卡片	
自我意识敏感期	自我意识	1.5~3.0岁	别跟孩子较劲儿	让孩子分清"你"和"我"
	占有	3~4岁	尊重孩子的"私有权"	
	审美	2.5~5.0岁	让孩子按自己的喜好穿搭	
	打听出生	4~5岁	告诉孩子他是从哪儿来的	
	身份确认	4~5岁	和孩子扮演角色游戏	
规则秩序敏感期	秩序	2~4岁	尊重孩子心中的秩序	尊重孩子的内在秩序感
	执拗	3~4岁	理性看待孩子的"任性"和"胡闹"	
	追求完美	3.5~4.5岁	理解和尊重孩子的"不可理喻"	
	空间	1~6岁	多玩积木和其他天然材料的玩具	
	社会规范	2.5~6.0岁	多参加群体活动	
社交敏感期	人际交往	3~5岁	教给孩子与人相处的礼仪方法	多和小朋友玩耍
	性别	4~5岁	告诉孩子"相爱的人才能结婚"	
	婚姻	4~6岁	巧解男女有别	
	社会性兴趣发展	6~7岁	多带孩子参加适合的社会活动	

续表 2-2

类型	敏感期	年龄阶段	家庭养育重点	概括
文化学习敏感期	逻辑思维	3~4岁	正确对待孩子的刨根问底	为孩子提供更多学习机会
	绘画	3.5~4.5岁	为孩子提供绘画工具	
	音乐	3~5岁	让孩子尽情地唱歌和跳舞	
	阅读	3~6岁	陪孩子一起看绘本	
	探索科学	4~6岁	培养孩子多种科学探索能力	
	数学	4~6岁	在生活中培养孩子的数感	
	文化	6~9岁	给孩子提供经典·国学文化熏陶	

(四)斯坦纳的华德福全人教育理念

鲁道夫·斯坦纳博士于1919年根据自创的"人智学"理论,在德国创立第一所华德福学校。历经100年的发展,如今华德福教育已成为世界上规模最大、发展最快、非宗教的独立教育运动,华德福学校遍布各大洲不同文化背景和社会价值观的国家。这种理念与中国传统教育思想有很多相同之处,是一种以人为本,注重身体和心灵整体健康和谐发展的全人教育,体系主张按照人的意识发展规律,针对意识的成长阶段来设置教学内容,对儿童的身、心、灵、精神(对应意志、感觉和思考),进行整体平衡教育,并结合儿童与生俱来的智慧和独特的个性本质,进行深层意识教育,协助儿童的智慧生成。

斯坦纳认为人的意识每7年为一个周期,前21年分别为"善""美""真"品质发展的关键期(图2-1)。

图 2-1 不同年龄阶段的发展重点

1. 从出生到大约7岁换乳牙之前　这个阶段身体成长极其迅速,儿童的生命组织构成力主要用于建设、健全和平衡生理身体的发展。

2. 从7岁到14岁　在这个阶段(一年级至八年级),儿童的生命组织构成力主要活跃在感觉的发展。过于理性化教育对于他们来说多是徒劳无功的。

3. 从14岁到21岁　此时,人的生命组织构成力活跃在思想意识的发展上,心智逐渐走向成熟,世界变得更真实,已不再如他想象和艺术塑造得那样完美,他们会用挑剔的眼光来看这个世界和周围的人。同时,他们形成个人的判断力、独立的思想和抽象的理想,辨别和判断能力增强,甚至会很固执。他执着地追求自然界中的真理,并挑战老师和家长的权威,希望彰显出其真实和合理性。

人智学认为人的发展需要的12种感官,就是从婴幼儿时期开始发展,一直到成人。这12种感官如下(表2-3)。

表2-3 斯坦纳人智学中的12种感官

0~7岁主要发展低阶感官	7~14岁主要发展中阶感官	14~21岁主要发展高阶感官
对自己身体的感觉	对外界和世界的感觉	社会、社交型思考的感觉
触觉	嗅觉	自我觉
生命觉	味觉	思想觉
运动觉	视觉	语言觉
平衡觉	温度觉	听觉

华德福的教育目标是让孩子成为自己,最终具有超越物质、欲望、情感、洞察力与判断力,结合与生俱来的智慧和本质达成自我,成为一个"幸福而有觉知的人"。华德福教育同时强调人与环境、人与人之间的互相影响,"一个孩子的成长需要一个村庄的共同养育"。因此华德福社区里面有积极的人际互动,并努力营造互助互爱的大氛围,滋养孩子的身心成长。在这个世界上,每个孩子都有独一无二的位置,同时也分享共同的社会关系。父母和老师应当倡导和培养孩子灵活的思考、艺术的活动、实践的能力,以及对人类心灵的呵护和理解。

第二节 胎儿期的家庭养育

胎儿在母体中时,就已经有了初级的感官发展。他们能够听到妈妈的心跳声、消化道的甚至外面的各种声音。妈妈的情绪也牵动着胎儿,开心时分泌更多的催产素,帮助胎儿健康发育。焦虑等负面情绪则会带来负面的影响。因此孕期妈妈的自我照顾非常重要。《父母规》中倡导孕妇:"健康身,第一先,妊娠期,保护安。寝不侧,坐不边,立不斜,险不沾。勿染疾,勿疲倦,勿恼怒,勿怨烦。存正心,起正念,听正语,言正言。"

我国有史料记载的开展胎教的第一位女性,是周文王的母亲太妊。她在妊娠期间,言行端庄、得体,不看不高雅的东西,不听淫逸无礼的声音,不讲傲慢的言语。虽然她是在猪圈生下周文王,但周文王很小就开始表现出非同一般的智慧,总能举一反三。后人认为周文王后来的成就与母亲太妊的胎教做得好密不可分。

现代研究同样发现,适当的胎教能够促进孩子未来身心智力的发展。受过良好胎教的孩子出生后大多数总是笑眯眯的,一脸喜庆;晚上情绪稳定,很少哭闹;说话比一般的孩子都要早;学习能力和理解力都非常强;活泼开朗,平易近人,右脑非常发达。当今流行的胎教方式有以下几种。

（一）音乐胎教

孕妈可以自己哼唱歌曲，或者听舒缓轻柔的胎教音乐。通过音波来刺激腹中胎宝宝听觉器官的神经系统，激发胎宝宝的右脑发育。每天两次，一次10分钟左右，音量调到50分贝以下，和我们在屋内正常谈话的声音差不多。

（二）语言胎教

20周左右的胎宝宝已经具有了良好的听觉能力，孕妇能够传递良好的信息给胎宝宝。父母应每天给孩子讲绘本故事，读经典书籍，或者是和胎宝宝聊天。准爸爸们也应多和胎宝宝说话，形成一种良好的情感传递。

（三）抚摸胎教

孕妈经常对胎宝宝进行温柔的抚摸，孩子会感受到这种温暖，从而激发积极性，更加热衷于活动，形成良好的触觉。每天晚上入睡前和早上起床之后，都是对胎宝宝进行抚摸胎教的最佳时间段。如果孕妇妊娠还不到36周，尽量少进行抚摸教育。如果太频繁，可能会引起子宫收缩等反应。

（四）运动胎教

准妈妈们在妊娠期间，要进行合理适度的体育锻炼，例如游泳、散步、孕期瑜伽等。这样有助于孕妇的正常妊娠和顺利分娩，还能够促进胎宝宝的肌肉和大脑的健康发育。但是运动的时间不要太长，幅度也不能太大，最好是在专业老师的指导下进行。

（五）情绪胎教

妈妈们在妊娠的整个阶段，都应该注意保持愉快的心情。保证胎儿有一个健康的宫内环境，这样也会让宝宝的大脑得到良好的发育。

第三节　学龄前期的家庭养育

孩子在刚出生的前3年努力地适应这个世界，需要成人尤其是妈妈非常多的帮助。妈妈也需要适应这个新成员的到来，这个时候妈妈的身心最容易感到疲惫。如何将这个世界用孩子能够接受的方式来一点一点介绍给他，帮助他学会使用和控制自己的身体，是一件缓慢、富有挑战又非常有意思的事情。

儿童心理学家们通过大量的观察，揣摩出婴儿期宝宝的心声："在吃饱喝足清洁干爽之余，常有人来陪我玩，但也要有时让我独自躺在那里看看光影，'嗯嗯啊啊'，抓手挠头踢踢脚。"

父母如何养育眼前这还不能准确表达自己的小生命？这就需要做到以下几件事情。

第一件事情，妈妈先照顾好自己的身心，让身体及时恢复，及时调整心情，保持愉悦。尤其是第一次当妈妈的，要允许自己有做得不够好的地方，给自己时间学习如何做得更好。

第二件事情，耐心地观察和照料孩子。只有当父母对宝宝具有以对待一个"完整"的人的尊重，才有可能做到细致地观察，才能适应孩子的需要，而非把自己"想当然"的想法强加在孩子身上。一些发达国家和地区的心理咨询师认证系统，往往会要求咨询师从业前要有两年的"婴儿观察"或"儿童观察"工作，这说明儿童观察对于我们的学习成长和养育工作非常必要。妈妈在照顾孩子，与孩子相处时，温柔的目光、轻柔的抚触和声音，甚至是妈妈的温柔细语，都是对一个人的尊重和爱护。

第三件事情，不断地思考和调整养育方式。0～1.5岁被心理学家弗洛伊德称为"口欲期"，这个阶段的主要矛盾被埃里克森认为是"根本的信任感与不信任"。无论专家如何解读这个阶段的孩子，这个世界上最了解并且最爱孩子的人却是妈妈和爸爸。父母在观察孩子的基础上，结合科学的养育理论，也必须有自己的思考与整理，哪些是适合自己的，哪些并不适合，不能盲目跟风和听从他人的建议。

一、建立安全感——用温暖包裹孩子

著名的儿科学家、心理学家温尼科特说："与其被迫抱持一个已经生病的反社会儿童或成人，我们远远不如从一开始，就好好抱持我们的小婴儿。"研究表明，许多反社会人格，都是因其在婴幼儿时期未被温柔对待，无法建立安全感。通常6个月内的婴儿，只要抱的姿势让他们感到舒服，无论什么人抱他们都不会哭。6个月之后就不一样了，会认人了。他们就会感到焦虑而哭，会拼命找熟悉的照顾者。除了分离焦虑，当婴儿感到警惕、恐惧或紧张不安时，他希望与依恋对象保持身体上的接触，得到安抚后才有信心做出向外探索的动作。

（一）依恋的类型

婴儿和其照顾者（一般为母亲）相互作用过程中存在一种感情上的联结和纽带，是一种特殊的感情关系，被称为"依恋关系"，依恋给予的是安全感。大量研究表明，婴儿和父母之间的依恋相关的互动模式无论好坏，都将逐渐成为孩子模仿的范本，拓展到其他人际关系——与父亲、兄弟姐妹、祖父母、外祖父母、同学、朋友、老师、情人、配偶等的关系，会影响人的一生。

20世纪50年代末，美国心理学家哈利·哈洛进行了一系列恒河猴"代母"实验。例如，婴猴在饥饿时会找"冷冰冰的可以24小时提供奶水"的母亲——"铁丝母猴"，但在其他更多的时候都是与没有奶水但温柔的"绒布母猴"待在一起，并且在遭到不熟悉的物体，如一只木制的大蜘蛛的威胁时，婴猴会跑到"绒布母猴"身边并紧紧抱住它。"绒布母猴"会给婴猴更多的安全感。但是那些由"绒布母猴"抚养大的猴子不能和其他猴子一起玩耍，性格极其孤僻，甚至性成熟后不能进行交配。于是，哈洛对实验进行了改进，为婴猴制作了一个可以摇摆的"绒布母猴"，并保证它每天都会有一个半小时的时间和真正的猴子在一起玩耍。改进后的实验表明，这样哺育大的猴子基本上正常了。哈洛认为这证明了早期养育所需要的爱存在3个变量：触摸、运动、玩耍。

哈洛还设计了一种特殊而残酷的"铁娘子代母"实验，它会向小猴发射锋利的铁钉，并且向它们吹出强力冷气，把小猴吹得只能紧贴笼子的栏杆，并且不停尖叫。它们有的会对着小猴发出怪声,有的会刺伤小猴。令人吃惊的是,无论什么样的"邪恶"母亲,哈洛发现小猴都不会离去,反而更加紧紧地抱住它们。这个实验结果更加震撼:一旦依恋关系已经建立,即使小猴被自己认定的"妈妈"残酷地迫害,他的依恋之情都很难被动摇。但是这些猴子长大后,很难与同伴建立稳定的关系,甚至生育能力非常低。

依恋关系的分类(图2-2)如下。

1. 安全型依恋　父母通过面部表情、声音及触摸等共情回应来向孩子表明"我理解你",传达出"这种难受的情绪是可以应对的",帮助孩子发展出应对困难的能力。孩子在脆弱(如生病、受到惊吓、疲惫或面对新挑战)的时候依恋需求会增加,并且能自然地表达出来。例如父母离开一段时间回来后,安全依恋的孩子会毫不犹豫地寻求父母的接触和安抚,他能预料到自己是能够得到帮助的,会感到自信和舒服,对探索和独立的渴望也会增强。他们到了童年早期、青春期的时候会与亲密的朋友有着更和谐、更积极的关系。

2. 不安全型依恋　不安全型依恋关系会变成"回避型""矛盾型""混乱型",在未来的人际关系中,在亲密关系中都会产生不良的影响。一项涉及6000名儿童的综述表明,婴幼儿期不安全型依恋的孩子,长大后出现攻击、违抗、回避社交等问题的概率要大很多。

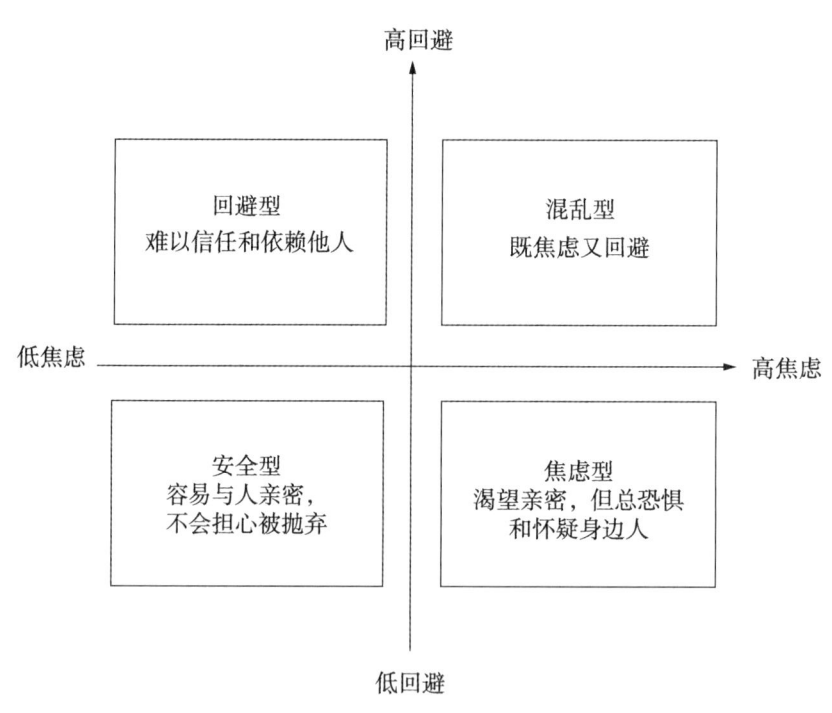

图2-2　依恋类型及主要表现

(1)回避型依恋的孩子:孩子对父母的离开几乎没有显示出不安,父母回来之后孩子也视而不见,也许会忙于玩玩具,避免和他们亲密接触。研究显示,事实上,在这种情况下孩子心跳在加快、皮质醇水平会升高等,孩子在这种情境中感到困难,但却觉得因为父母总是用"不满"来回应孩子,孩子慢慢知道找父母帮忙也无法解决,孩子害怕表达自己的需求。

（2）焦虑型依恋的孩子：因为父母对他时而敏锐，时而迟钝，时而关注，时而忽略，反复无常。这类孩子感到高度的焦虑，时刻关注着父母是否在身边，一旦到了陌生的环境就无法安心玩耍。即使父母回来了安抚他，他仍然感到不安、生气或愤怒，无法平静下来继续玩耍。

（3）混乱型依恋的孩子：可能是孩子对父母的行为产生过恐慌，对于父母离开回来的反应出现多种表现模式。例如，当父母短暂消失一段时间回到房间后，他可能刚开始是靠近父母的，然后又转向相反的方向，前后摇摆、撞头，或者突然僵住，甚至表现出害怕。这些父母可能以前经历过无法接受的伤痛和失败，导致有时在孩子面前完全封闭自己，甚至无法控制自己的行为。这两种反应都有可能吓到孩子。

成人的专注能力、合作能力、友谊满足、学业成功、婚姻幸福、工作成功等各方面，都与安全型依恋关系息息相关。在婴幼儿期帮助孩子形成安全型依恋关系，是这个阶段的首要任务。有些家长担心不断地满足孩子的依恋需求，会把孩子"宠坏"了。其实对3岁前的孩子来说，父母充分的安抚并不会导致孩子的过度依赖，相反，父母其实是在给予他保证和信心去独立行动。

案例分享

B女士有3个孩子，分别都有保姆照顾，但她发现3个孩子的安全感明显不同。老大和老三安全感很足，不容易哭闹。老二非常容易焦虑，并且总是感觉妈妈偏袒别人、不爱他，于是千方百计想要获取妈妈的关注，并且7岁了仍然不敢自己一个人睡。

心理咨询师与B女士共同回顾3个孩子的养育过程，发现了一个重要的因素：老二1岁前就换过3个保姆，其中在他6个月大的时候，某天晚上，身在外地的B女士和先生看监控时发现孩子在床上哭了很久，保姆都没有来抱他。B女士赶紧打电话叫醒隔壁房间的奶奶来抱起孩子。B女士调看了更多的监控，发现这个保姆平时情绪也非常不稳定，有时还会打孩子。于是第二天B女士就辞退了这个保姆。

B女士意识到早期养育中老二受到的消极影响，理解了孩子的行为并不是天生的，也并不是"故意针对父母的"。于是放下了对老二的批评，重新构建安全感，虽然取得了成效，但花费的时间较长。

（二）建立安全型依恋的养育共识

教育学家在前人研究的基础上，提出了父母在婴幼儿时期帮助孩子建立安全型依恋的养育共识。

1. 提供安定与温暖的居住环境　在母亲的胎盘里，胎儿看到的都是胎盘粉红的颜色。孩子出生后，睁开眼睛的那一刻视线是模糊的，当他再次看到粉红的颜色，他会重新找到在母胎里面安全、温暖、被母亲包裹的感觉，因此婴儿房的布置最好是温暖的色调。

房间要保持简单、整洁、温馨，东西摆放井井有条，墙上挂一些柔美的插画。床褥被单、毛巾手帕等，均是柔软洁净的，照顾者抱孩子、抚触、做捏脊按摩的动作时也要轻柔、安静、不易被打扰。妈妈可以经常轻声地说话、唱歌。尽量避免环境频繁变动，因为有研究表明,儿童早期频繁地搬家,且居住环境嘈杂的家庭,孩子生病及情绪不安的情况会增多。

2. 环境中提供婴幼儿感官综合发展的条件,让其自由安全地探索和玩耍

(1)自然,而非人为地让孩子学会走路、玩耍。孩子是在运动中探索世界的。"三翻六坐九爬十二走",是一个普遍规律,但每个孩子也有差异性。孩子天生就有发育成熟的能力,不用人为干预和训练。尤其是爬行,许多爬行不足的孩子,后面出现感统失调的概率是非常高的。

皮亚杰认为智力的本质是适应,"智慧就是适应",儿童早期首先要适应使用自己的身体,后面才能适应环境。家长都希望孩子不要输在起跑线上,在婴幼时期就给孩子认字、数数。殊不知,这个阶段的孩子更重要的任务是发展各种身体感官能力,而且这些才是未来学习力发展的基础。教育的行为就是提供一切支持、协助孩子感官健康发展的运动。而大自然作为丰富的刺激源就是最好的感官训练场地,支撑儿童感觉的发展和大脑的健康发展。因此,在孩子6个月大之后,家长经常带孩子到户外走走,到公园、森林、山上,沐浴阳光,看花鸟虫鱼,听风声雨声,摸树枝花朵……帮助孩子开启各种感官之门。

(2)允许宝宝的玩耍有完整的过程。婴儿在玩耍时,成人要留出充足的时间,让所有事情可以有开始、中间过程和结束时刻,这样一个完整事件才能让宝宝有把握时间的感觉。这对于宝宝来说非常有好处,久而久之,孩子能够享受事情的中间过程,并且有能力忍受各种各样的经历。当妈妈急急忙忙,或者心烦意乱时,妈妈就没法允许婴儿进行完整事件(游戏)的发生和发展,孩子将来做事情有可能总是心神不宁。

在宝宝玩性大发时,妈妈愿意什么都不做,静静地等待着,可以不着急、不慌乱、不急躁,只是在旁边陪伴着,宝宝内在的丰富性就会开花结果,他会觉得妈妈能和他玩到一块儿。

3. 时刻关注并回应婴儿,听出哭声背后的需求,积极回应 前6个月,婴儿的吃、喝、拉、撒、睡以及玩耍的需求都用"哭"来表达。这个时候妈妈要时刻关注孩子,及时哺乳,并且在孩子清醒时能看到妈妈的笑容。但关注不代表要高度紧张,妈妈通过观察、摸索,会慢慢区分孩子不同的哭声背后的不同需求,就不会过分担心和焦虑。温尼科特认为,婴儿的哭泣分为5种。

(1)满足:带给宝宝活动自己肺部的感觉。这时妈妈可以不用特别地去安抚他,只需要让他知道妈妈就在身边。哭够了的孩子自然就停下来不哭了。

(2)痛苦:苦恼的信号。这是一声尖叫或某种尖锐的声音,同时还常常配合其他身体方式提示你是哪里出了问题。比如他突然肚子痛,他就会蜷起双腿;要是耳朵痛,他就会抬起一只手鼓捣那只耳朵;要是一道强光让他不舒服了,他就会把头扭向旁边。这时妈妈满足他的需求即可。但随着宝宝的长大,他开始为担忧而哭。例如当妈妈开始脱他的衣服,他就知道要被带离舒适和温暖的位置了,联想到了痛苦,这说明宝宝开始有能力把事情联系在一起了,妈妈应该为此感到高兴,轻轻安慰即可。

(3)愤怒:生气的表现。愤怒的哭泣可能表示宝宝对妈妈还有信心,他希望能改变妈妈的做法。一个对妈妈失去信心的宝宝是不会愤怒的,他只会停止要求,或者开始用头撞枕头、墙或地板,或者用尽一切办法来伤害自己的身体。在愤怒状态下的哭闹,宝宝感觉自己似乎真的摧毁了周围的人和事物。但是,如果妈妈在旁边却依然保持平静、没有

惊慌失措,未受到伤害,或者还能温暖地抱着他,那么这个经验会大大加强宝宝看清真相的能力——感觉真实的事未必就是现实,慢慢就会发展出来现实感,这是一种进步。但是如果妈妈反应过度,让宝宝相信了自己发脾气会导致可怕的后果,那么长大之后,这个人就可能总是害怕自己发脾气,但很有可能这所谓"可怕的后果"从未发生过。所以妈妈能够平静对待孩子的愤怒,对孩子未来的情绪管理至关重要。

(4)悲伤:一首伤心的歌。悲伤的哭泣常常会流眼泪,意味着婴儿心里发生了极为复杂的一系列变化,无论从生理上还是心理上来讲都是健康的表现,意味着他开始对周围环境负责任。一个悲伤的宝宝可能需要父母用身体更外露地表达出爱,而不需要去摇晃他、搔他的痒。有时候,家长最好能让他自己哭一会儿,真实自发地从悲伤和内疚感中复原。有时候孩子故意调皮捣蛋就为了招来一些惩罚,以此来感受内疚并悲伤地哭泣,然后体会被父母原谅的感觉。这时,孩子迫切想要重温那种曾经从悲伤中真正恢复的美妙体验,这种体验是情绪成熟发展必不可少的。

(5)无望和绝望。如果宝宝的这种哭闹一直落入绝望的境地,那就是宝宝心里不再抱任何希望了,才会发出崩溃的哭声,这通常在家里是不会发生的。如果宝宝发出了这种绝望的哭泣之声,那么妈妈真的需要寻求专业医生的帮助了。

以上5种哭泣类型,需要养育者用心地观察和体会。当养育者感觉到理解孩子了,就知道如何回应孩子,亲子之间的关系也会越来越融洽,养育的过程就会变得轻松多了。

回应婴儿的需求很简单:饿了就喂吃的,尿布湿了就换,想要亲昵就抱抱他,好奇就让他看看世界。随着成长,孩子的需求会变得越来越复杂,回应也没那么容易了,他可能需要安慰和照顾,同时又需要独立;需要时间独处,同时又需要和父母共度时光,还需要和小伙伴一起玩耍。任何年龄段的孩子,他的需求都有可能和父母的需求相冲突。

科恩博士推荐的与孩子做的第一个回应游戏是"镜像反应"(图2-3)。当婴儿注意到父母在模仿他并做出回应时,就逐渐形成了镜像反应的游戏。父母模仿他笑,他会笑得更开心;父母模仿他悲伤或愤怒的表情,他会放松一点,因为他看到爸妈注意到了他的痛苦。这个游戏的目的不是改变或消除情绪,而是帮助孩子知道他有情绪是正常的,他可以应对这些情绪。如果父母不接纳或不理会孩子的情绪,孩子就会感到不安全,情绪就会变得危险和无法控制。他们还会试图回避感受,也就意味着回避生活。

图2-3 亲子镜像反应游戏

还有一些亲子互动游戏可供家长参考(表2-4)。

表2-4 婴幼儿期亲子互动游戏汇总

年龄段	互动游戏
0~4个月	1.慢慢地把玩具从一边移到另一边,让孩子可以一直盯着它看 2.提供感官体验,给孩子一些可以抓、戳、摇或挤压的东西 3.唱歌或背诵童谣给孩子听,建立彼此联结,刺激孩子的语言发展
4~18个月	1.当孩子把东西递给大人,大人一定要记得还回去,因为他现在还不理解分享 2.孩子摸妈妈的脸,碰到鼻子时妈妈就发出汽笛声;碰到耳朵时,妈妈伸出舌头 3.爸爸妈妈给孩子唱歌,一边唱一边轻轻舞动孩子的手臂和双腿。还可以加入舞蹈,一开始抱着跳,然后牵着手跳 4.大人争夺宝宝的游戏,夸张地表现出每个人对孩子的渴望 5.把宝宝抱起来像飞机一样四处飞行,可以把宝宝夹在一侧的胳膊底下,或者双手举过头顶。一定要先确认宝宝是否已经准备好了进行这种刺激的活动(避免在宝宝安静时猛然开始激烈的肢体游戏,这会造成惊吓) 6.提供积木、玩具、沙子、水、锅碗瓢盆,让孩子自由探索 7.和孩子一起玩幻想游戏。如果他递过来一块圆形物体,父母可以假装这是饼干,然后"咬"一口,再还给他 8.为孩子提供手指颜料和粗蜡笔,让他尝试第一次画画和写字,就像咿呀学语是说话的第一步一样,涂鸦也是画画的第一步
18个月~3岁	1.与玩具、毛绒动物、娃娃和玩偶一起玩幻想游戏 2.冰冻舞蹈(疯狂跳舞,音乐停止的瞬间每个人都不许动,如此重复) 3.和孩子组成一支乐队,每个人演奏一种不同的乐器(壶和木勺等) 4.捉迷藏(注意:孩子经常希望快点被人发现,或马上找到你) 5.搭积木 6.给孩子多种尺寸的容器,用来玩沙、玩水 7."卷心菜"(用被子在床上摊开,孩子躺在被子上的一边,家长把孩子当作卷心菜里面的"芯",往另一边卷。最后孩子卷成"春卷",然后再卷回来放开)

4.稳定的照顾者,父母角色都十分重要 安全感的建立非常重要的条件是身边有"稳定的客体","客体"是指除了孩子"自体"这个人之外的其他人。一个孩子如果在3岁之前被频繁地变换照顾者,他的内在会有很多的不安及混乱,这对长大之后人格的发展有很大的影响。因此,照顾孩子的第一人最好是固定的,而且最好是情绪稳定的人。当然,这个角色正好是妈妈,那么对孩子来说是最幸福的。如果妈妈需要上班,那么另外一位跟孩子相处时间最长的人最好也是稳定的。如何让妈妈的情绪保持稳定?这需要爸爸的稳定支持。

3岁前是孩子与母亲联结最深的一段时期,妈妈投入照顾孩子的时间最多,生活和身心也在经历着重大的变化。或许外出工作的机会和收入都减少甚至没有了,或许没有办法跟朋友一起出去玩了,甚至可能有产后抑郁。妈妈的状态会影响她照顾孩子的质量。

父母的角色此时的分工是:妈妈是环境的提供者,爸爸是环境的支持者和参与者。

(1)夫妻关系的发展是亲密的、温暖的,爸爸在家时让妈妈感到身体舒服、心情愉快。爸爸能够安排一些时间来帮忙照顾宝宝,让妈妈可以有时间外出休闲放松一下,拥有自己的时间,让妈妈有透透气的感觉,妈妈就能从疲惫中恢复过来,保持持续的良好状态。妈妈的状态好了,照顾孩子的质量自然会更高。

(2)营造家庭氛围是温馨的,孩子会通过变得少出现问题、更知足、更好养活来表达他的感激,因为有了"社会性安全感"。

(3)爸爸给妈妈道德和精神上的支持,为妈妈的权威撑腰,要成为妈妈在孩子生命中所植入的律法和秩序的代言人。

孩子需要爸爸,爸爸要在孩子的早年生活中有能力存在着并活着,而且一直好好地生活着。尽管孩子们会自然而然地去理想化他们的爸爸,可是孩子跟爸爸生活在一起,了解爸爸的为人,甚至在某种程度上花点心思找出爸爸在哪儿,这些都是非常宝贵的成长经验。一个经历过对真正的现实爸爸慢慢感到失望的机会和经验,会帮助孩子成人之后正确地看待男性,甚至有更加全面的视角看待人性,不容易陷入无休止的理想化期待中。

5. 允许孩子拥有自己的"过渡性客体"　　现实中,妈妈不可能无时无刻待在孩子身边,宝宝大多数会在他周边环境中自发地找到象征妈妈的某些物体,被温尼科特称为"过渡性客体",是儿童"几乎无法切割的一部分"。这个过渡性客体可能是一条毯子、一件旧衣服、柔软的玩偶或是呀呀儿语、不断重复的动作等。通过过渡性客体成为"内在妈妈",婴儿顺利度过与"现实妈妈"的分离时刻,首次尝试独立。直到孩子学会了用游戏,游戏会最终取代过渡现象和客体。这个完整的过程是孩子心理营养得到满足的过程之一。如果这个过程被打扰或被迫中断,在未来孩子长大后遇到某些压力性的事件感到焦虑时,有可能退行到这个婴幼儿状态,又开始寻找这个过渡性客体。例如,有些孩子十多岁了遭遇一些挫折,就重新像婴儿时期一样咬着小手帕睡觉。

从拥有过渡性客体开始,孩子的想象力也开始了发展。两三岁的孩子处于梦幻状态,会赋予物体物质,比如将一根木棍变成一只小狗或小轿车。因此,家长最好在家里准备好安全的柔软的物品,如手帕、毛巾、木质玩具等可供孩子触摸、吮食的物品,让孩子可以发现或创造出自己的"过渡性客体",并充分利用这个客体。

6. 保证孩子充足的睡眠,从无规律走向规律　　正所谓"睡睡平安",婴儿睡得好才能正常发育。人的生物钟是很重要的,规律、稳定而充足的睡眠可以保障人体各免疫系统的及时调节,保持白天清醒时的功能发挥。从小养成好的睡眠习惯,可以避免长大成人后甚至老年时的很多疾病。

(1)保证睡眠时间:新生儿尚未形成较为恒定的生物钟,难以区分白天和晚上,一般至3~4个月大的时候逐渐调整为日夜分明,每一小段的睡眠时间逐渐加长,睡眠规律化。孩子每天需要的睡眠时间为:1周大的新生儿16~17个小时,1~4个月的婴儿14~16个小时,12个月大的婴儿12~16个小时,1~2岁的幼儿12~14个小时,3~5岁的幼儿11~13个小时。

(2)创造良好的睡眠环境:父母应为婴幼儿提供安静、简洁、柔和的睡眠环境。尤其是夜间睡眠,最好是保持没有声光刺激。

(3)建立良好的睡眠习惯:用温柔的唤醒方式和睡前仪式帮助孩子保持情绪稳定。清晨,轻轻拍孩子的后背唤醒,慢慢清醒过来,增体质的同时让孩子感觉到母爱。用10分钟亲子互动时间,唱动听的歌、讲有趣的事情、说有爱的话,用美好的能量开启一天。

许多妈妈说,孩子晚上入睡太困难了,虽然部分是由于身体,但是大多数是因为我们没有足够重视睡前准备。我们在晚饭之后,就要进入"阖"的状态。睡前1小时,家里所有成员最好都是已经进入准备睡觉的状态,越来越安静,把灯光调暗或者点上小蜡烛,关灯。一边用手轻轻地拍着宝宝的身体,一边轻声唱着歌,还可以轻声给孩子讲故事,宝宝会安然入睡。有些孩子是白天运动量不足,有些孩子是吃太撑"胃不和而卧不安",这就需要调整一天的饮食和运动。

7.通过应对发热,帮助孩子建立身体意志 发热是婴幼儿必然会经历的过程。3岁前的孩子往往会经历多次的发热。很多父母遇到宝宝发热就如临大敌,其实大可不必。人类生存在地球中,必然要适应地球环境中随处都有的病毒和细菌。要相信人类的身体经历了多年的进化和考验,是有一定自我修复能力的。过早和过度的干预,不但不会缩短病程,甚至可能带来不必要的麻烦。宝宝感染病毒或细菌之后可能会发热,然而只要他们成功退热,他们的免疫系统就多了一层保护。很多家长一看到孩子发热就紧张得马上往医院跑,又或者盲目指挥医生使用抗生素,不仅对孩子的体质有损伤,且过于依赖外力来打败病毒的方式反而使孩子失去了提高自身免疫力的机会,对他未来的健康都有影响。因此,家长从容对待孩子的发热,不仅有利于孩子的正常康复,提高孩子的免疫力,而且在心理上也是对孩子的一场关于生命的教育。家长越从容,孩子越安稳,恢复就会越快。

(1)借鉴中医判断干预发热的五大辨证点。第一,看孩子手脚热还是凉:热则不用干预,凉则必须干预。将艾草水煮开后晾到适合人体的温度,大概40摄氏度左右,给宝宝泡脚。或者把脚心和手心搓热。泡完脚后,宝宝额头微微出汗,这些方法都可以帮助孩子把"热"引到脚上去,这样脑袋的温度就不至于太高,防止脑部受损。第二,看孩子是否口渴:不口渴则不用干预,口干则必须干预。适量喝温水,补充身体水分。经常喝水,孩子会排尿较多,排尿也能帮助孩子降低体温。第三,看孩子精神状态:好则不用干预,不好则可以让其休息,同时采取对应措施。宝宝睡觉是大补,能让身体集中力量去对付病邪。第四,看排便情况:大便清稀则不用干预,大便干燥则要干预。可以在孩子的大椎和肺俞处推拿,促进热量散开。第五,排尿情况:小便清长则不用干预,小便短而黄则要干预。

(2)安心护理生病中的孩子。①饮食宜清淡,清淡的大米粥、米汤、咸菜蔬菜汤,既能补充糖分,还能补充B族维生素。②少食多餐,不要怕饿,不勉强多吃。因为发热时胃肠道黏膜都是淤血状态的,食欲减退,消化能力下降,过多油腻的食物反而会增加胃肠道的负担。③累了就睡觉。有些家长觉得孩子生病可怜,平时不让玩的平板电脑都送到手里。孩子精神稍好,玩游戏玩得过了头,没休息好,病情还容易反复。作为家长兼陪护,要知道排除干扰保证休息也是护理的一部分。及时更换潮湿的内衣裤等,避免再次受寒。一般发热头3天,如果体温持续不降,孩子脱水严重,出现呼吸困难、持续昏睡的情况，必须及时就医。

（3）家长从容淡定，用故事来陪伴发热中的孩子。除了必要的护理和休息之外，家长也应重视孩子的心理营养。1岁以上的孩子，可以听懂大人的话了，这时可以跟他讲发热的故事。例如把发热比喻成是"长高精灵"和"发热精灵"带来的礼物，因为这礼物太热情了，一开始就像火一样，所以宝宝感觉热。一旦火烧完之后，宝宝的身体就收到长高的礼物，变得更加强壮，力气更大了。

故事可以不拘一格，根据家长的喜好，用各种有趣的情节来吸引孩子，重点是让孩子相信发热并不可怕，而且是会过去的，会带来好处，孩子会更加有信心和幸福感。

（4）从孩子生病的过程中反思，总结经验和教训。家长需要注意的是，每一次孩子的发热可能都有不同的原因。当我们去反思是哪里出了问题的时候，我们会变得越来越有经验。孩子未来生病的频率就会减少，身体才会越来越强壮。例如可能是因为最近睡眠紊乱导致的抵抗力下降，那么家长就会知道睡眠规律的重要性，以后就会注意保持早睡早起。又如，可能是最近换了新环境，孩子的心里有些焦虑，那么家长就需要花时间多陪伴孩子，引导孩子熟悉身边的人和物，帮助孩子减少焦虑。对于家长来说，孩子每一次生病给我们带来的启示，也是一份宝贵的成长礼物。

二、母婴关系的联结与分离——哺乳与断乳、自主排泄

母婴联结是儿童早期养育的精髓所在，这种联结最初在哺乳和断乳两个过程中形成。吮吸反射是与生俱来的反射，把刚出生的孩子放到母亲的身上，他们大多可以找到妈妈的乳头吮吸起来。婴儿通过吮吸妈妈的乳房获得充足的食物得以生存，满足了最基本的生理需要，同时是母婴关系的第一步。婴儿对世界最初的认识就是从母亲开始，她会认为"妈妈就是我，我就是妈妈"，母婴是共生的关系。但如果只有共生，没有分离，孩子就很难与他人建立良好的关系，甚至很难适应社会。

（一）哺乳与归属感

母乳喂养是最好的选择，是人类最强烈的情感关系，可以带来满足感和内疚感。满足感是指婴儿生理和心理上的满足感，包括期待的兴奋、体验到满足后从本能紧张转为安静休息的状态。成年人在经历性活动时还会唤起母乳喂养的体验。内疚感是指当宝宝渐渐把妈妈作为一个完整的人来看待时，宝宝也开始变得像一个完整的人了。这时宝宝虽然受到恩惠而心怀感激，但还没有能力向妈妈做出报偿。这一点正是婴儿内疚感的起源时刻，宝宝从此才开始有了因为亲爱的妈妈不在而感到难过的能力。这在未来孩子能够生发出怜悯之心、同情心，都是与此分不开的。

温尼科特认为，假如一位妈妈既能和宝宝建立满意的母乳喂养关系，情感投入地与宝宝融为一体，并稳定地持续一段时间，直到她和宝宝都逐渐开始觉得各自是完整独立的人为止，那么这段母婴关系可以说是双倍成功的，而且宝宝的情绪发展也已经在健康的方向上走了好长一段。在此基础上，宝宝将来就能独立存在于这个人类世界中。

婴儿慢慢学会使用乳房作为"过渡性客体"。接受母乳喂养的小婴儿很快会展现出一种能力，把"乳房"当作是妈妈的"象征性客体"，并且目标会非常平缓地逐步置换并移

动到手指、一块布头或一个软软的毛绒玩具等其他客体上，而不至于对妈妈过度依赖。用奶瓶喂养的妈妈可以模拟母乳喂养这种母婴联结。妈妈在哺乳中的整体心态才是关键。即使是无法实现母乳喂养的孩子，母亲在用奶瓶喂养孩子时，也同样努力去接近这种母婴联结。例如温柔地抱着宝宝，看着宝宝，可以让宝宝随性地抚弄她，以及嬉戏般地咬她，而且一切进展顺利的话，宝宝几乎会觉得自己就像被乳房喂养着一样。

通过仔细观察我们可以发现，如果妈妈一直处在焦虑状态，母乳并不能为孩子带来足够的营养。婴儿从一个焦虑或抑郁的妈妈那里断奶后反而会变得轻松和解脱，这说明在喂奶过程中，妈妈的积极正向能力对于实现其母性功能至关重要。

（二）断乳与分离感

断乳（也称"断奶"）的真正目的，是利用宝宝发展出的摆脱事物的能力，并且让乳房的丧失不单单只是一个突然的偶发事件。这是幼儿发展的一个里程碑，从此婴儿才能开启更为广阔的经验领域，是一种发展性需要。

选择断乳的时机和方式十分重要，时机通常在1岁左右，这时他们已经开始有能力玩"扔东西"的游戏了。扔东西是个特别而且有着重要意义的游戏，这说明宝宝脑子里冒出了"结束"的念头。这时候妈妈就需要启动断奶愿望。妈妈必须勇敢到足以承受住宝宝的愤怒及随之而来的各种可怕的想法，然后坚持为美好的喂奶过程画上一个句号。儿科专家多提倡喂到2岁科学离乳。如果妈妈对断乳时间拿不定主意，犹豫不决，那么孩子也很为难，断乳过程将变得很困难。无法接受早断乳的妈妈，很有可能自己存在不安全型依恋，难以接受分离。这是妈妈需要处理的问题，不能归咎于孩子太依赖。虽然越晚断乳，断乳的难度越大，但只要妈妈做好了心理准备来处理这些挑战，也能成功断乳，只是可能会慢一些。

一般我们不需要采用突然转变的方式断乳（从完全母乳喂养，到一下子完全不喂母乳），我们倡导在稳定环境中循序渐进，从孩子适应辅食，再到慢慢减少夜奶次数，直到断了夜奶，再开始减少日间母乳的次数，直到完全不用母乳喂养。孩子从断乳经验中有所收获并继续成长。良好的母乳喂养经历为断乳打下了基础。大部分妈妈们断乳都挺容易的，因为之前的喂奶过程本身顺利——因为只有宝宝确实拥有过一些东西，现在才能放弃它们。本来很乖的孩子可能变得不听话，或者痛苦地拒绝进食，或者哭闹不止。这个时候妈妈唯一可以做的就是等待，并随时准备着，等待宝宝逐渐恢复进食的那一刻。如果发现宝宝变得悲伤，未必是一件坏事。不要逗笑他们，妈妈只要稍加等待，给孩子独处的时间和空间，孩子的悲伤就会慢慢结束。

断乳包含了平缓进展的幻灭过程，是父母养育任务中很重要的一部分，对增加宝宝日后个体性格和人格的深度、广度发展都非常有价值。断乳让婴儿心中接受"好妈妈"变成"坏妈妈"的现实。对于一个刚断乳的婴儿来说，那个曾经真正"好妈妈"的乳房已经变"坏"了，所以一定要给他留点时间，让他恢复信心并适应新生活。平凡的好妈妈能够接受现实，一天24小时中常常有几分钟被孩子看作"坏妈妈"，过段时间她又会被看作是个好妈妈。最终，孩子会了解妈妈的真正为人，她既没有理想化中那么好，但也绝不是一个"坏巫婆"，长大后就不会盲目地崇拜父母。有成长型思维的父母，能够容忍被孩子极端地理想化和憎恨，并努力帮助孩子认识清楚父母的真实状态，其实是并非什么都能办得到的普通人。

如果孩子因断乳而产生的"恨"不能被母亲接纳，不能表达悲伤与愤怒，那么即使生理上断乳了，孩子在心理上仍然没有断乳，这会成为一件"未完成事件"，一直到成年之后仍然一直在找"幻想中的好乳房"，在亲密关系中纠缠、痛苦不已。

从乳汁过渡到食物，对孩子的生理和意志的发展也十分重要。当孩子到了6个月左右，妈妈就可以给孩子添加辅食。每增加一种辅食，先适应3～5天，再尝试另一种辅食。添食的顺序可以是，树上结的果实（例如苹果），再到土里长的（例如蔬菜、瓜果），然后再到水生的（例如鱼）。1岁前的孩子添加辅食最好不要加盐或调味料，而是提供原味的食品，婴儿在咀嚼这些食物时，可以与天然的食物产生联结，这样可以给婴儿很好的适应过程、探索过程，保护孩子的嗅觉和味觉。

食物的添加要从软到硬，当孩子开始长牙时，家长就可以适当增加可以咬、可以咀嚼的食物形状。尤其是牙齿都长全之后，孩子要经常咀嚼硬的食物，牙齿得到足够的锻炼，牙床会长得更宽，在7岁左右换牙时就有足够的空间来生长新牙，而不至于因牙床过窄而出现"重牙"、牙齿不整齐等现象。牙齿的使用也是孩子个人意志发展的重要表现。

（三）自主排泄与学会从失控到自控

1岁半至3岁，孩子处于"肛欲期"，即孩子原始欲望的满足，主要靠大小便排泄时产生的刺激快感。宝宝最开始面对排便这件事情时所形成的健康态度，为将来他能接受任何形式的训练打下良好的基础。这一时期卫生习惯的训练，对幼儿至关重要。如家长干预不当，例如给孩子贴标签"脏兮兮的"，指责打骂较多，就特别容易导致孩子对排泄行为的焦虑，从而引发强迫倾向。成人的强迫症人格，在行为上表现出的冷酷、顽固、刚愎、吝啬等，可能就是这个时期形成的，影响一生。

家长要把孩子的排泄行为当作自然的探索过程，不要太紧张和太严格。有些家长非常焦虑，总是不停地问孩子要不要上厕所，孩子偏偏不上厕所。有些孩子喜欢排泄到纸尿裤里，不肯上厕所。这些都是孩子在体验自己控制自己的排泄物所做的尝试。当我们越自然，他们越放松，允许他们的各种体验，孩子在满足完探索之后，就会转向模仿大人或者哥哥姐姐上厕所的行为，不再"捣蛋"。

再来看排尿这件事。宝宝喝的水经过吸收进入血液，由肾脏过滤后，多余的水分夹着溶于其中的废弃物就被排到膀胱。宝宝起初对此全然不知，直到膀胱充盈才会有感觉，接着很快就发展出一种要排尿的强烈欲望。一开始，整件事大体是自动进行的，但逐渐地，宝宝发现稍微憋一下，不马上尿出去会更有快感，这小小的狂欢会让小婴儿的生活极为充实。

随着时间推移，妈妈可以从一些征兆中知道宝宝可能将要发生什么，让孩子有更丰富的体验。宝宝会喜欢并乐意等待妈妈的到来，当到了足够长的时间，对幼儿的排便引导就可以毫不费力地跟进。当孩子能够自主地控制自己的身体，他会更加有自信，并且在他人提出要求时，不会那么容易感到压力和焦虑。一个人的健康基础，恰恰是在妈妈对自己宝宝平常的爱护中铺垫起来的。

三、自我意识的第一次觉醒——"2 岁之变"

通常在 2 岁之前,婴儿的头脑中将自己、母亲和周围的环境融在一起,对于妈妈的话言听计从,不太在意玩具被拿走,是非常听话的乖宝宝。到了 2 岁或 2 岁半的时候,多数宝宝突然在某一天,对妈妈的指令开始说"不"。妈妈:"宝宝,吃饭了。"宝宝:"不!不要!"妈妈:"宝宝,小朋友想借你的玩具,可以吗?"宝宝:"不!"

孩子一方面感到无所不能,渴望着长大和自由,甚至想摆脱母亲的呵护,另一方面却因为不确定性和不断增多的责任感到不安,心有余而力不足,需要许多帮助。

从事了 30 年学校和家庭咨询工作的美国咨询师约翰·培恩提出了"回声原理",他认为"没有不听话的孩子,只有迷茫的孩子",这帮助我们很好地理解孩子所谓的"叛逆"。一座潜水艇在茫茫大海中航行,需要通过不断发送声波脉冲来判断航向。这些脉冲遇到水下物体时会反弹,从而使潜艇避开岩石或者暗礁。对孩子而言,做出挑战性行为,就是在发送"声波脉冲"。他们不断地找碴儿、搞破坏,甚至流眼泪,都是在为了实现自我定位,了解我们的期待,获得我们的反馈,希望我们帮助他们确定航向(图 2-4)。换句话说,孩子的行为与大人的反馈之间形成了一种循环互动,而这种互动就是孩子的"人生导航系统"。

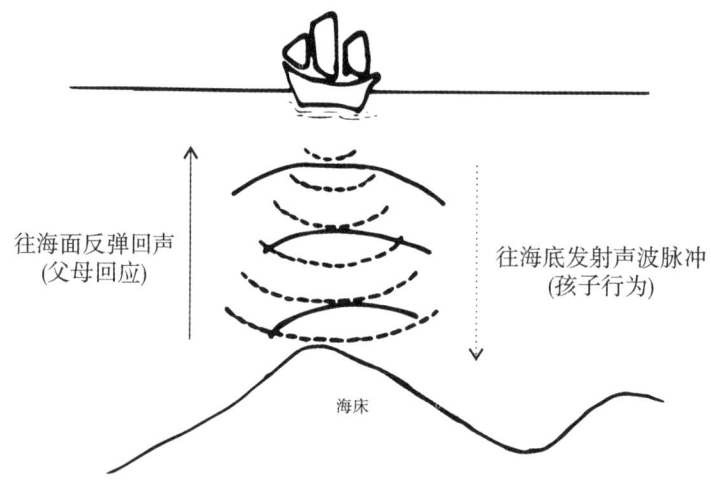

图 2-4 孩子行为中的"回声原理"

所以,说"不"是孩子成长的标志,是值得高兴的事。另外,家长可以根据孩子当下年龄阶段的认知水平来"导航"。例如到时间吃饭了,孩子不肯来吃,家长可以用隐喻的方式说:"肚子先生在打鼓了,他在喊'赶紧送好吃的到我家里,青菜仙子、瓜仙子都来吧'。"孩子就通常会开开心心地过来吃。如果孩子还是执拗不来,家长知道导航还不够清晰,那就再加强信号,温柔而坚定地说:"饭仙子、菜花仙子说只在桌子上待半个小时,半个小时之后没人来领他们,他们就跑了哦!"这种形象描述会给孩子清晰的回应,言下之意是超过吃饭时间就没得吃了。家长不评判、不指责,不吼不叫,坚持执行,这个"回声"就让他平静下来,知道应该遵守的规则是什么,慢慢找到"我"在哪里,并且清楚应该怎么做。

神经科学专家告诉我们,最好的教育是免费的,它就存在于父母的语言中。美国儿科博士萨斯金德在30多年的临床工作和研究中发现,家长与孩子的对话越多,孩子日后测试出来的智商就越高。孩子每天使用的词汇有86%~98%与父母一致,父母的每一句话都渐渐变成了孩子未来的模样。婴幼儿每小时听到2000个词与600个词相比,在3岁以后听到总词汇量的差距就在3000万个。他们日后在数学概念、读写能力、自我管理、执行力、批判性思维、情商、创造力和毅力等方面的表现也会有非常大的差距。因此他们写了《父母的语言》一书,并成立了"3000万词汇倡议"的机构。他们倡导父母尽可能多地和孩子交流,时时回应、多肯定与夸奖,遵循3个原则——共情关注、充分交流、轮流说话。2岁之前说语气积极、措辞简练且有韵律的宝宝语(儿向语言)是有好处的,父母可以提高声调说宝宝语,帮助婴儿大脑更好地提取语音,宝宝语的每个语音都在听觉上被夸大了,婴儿就更容易理解和学习。父母和家人之间的交流谈话多,孩子从父母那里学习到母语,同时跟其他语言体系的人建立语言联系,能够帮助孩子习得外语,但无论如何,母语的主导地位都不能被其他语言代替。

四、实训科目:生日故事与手指谣——早期生命教育

(一)生日故事

每当孩子生日,家庭或早教中心会为孩子举办隆重的生日仪式,铺上彩虹毯,插上鲜花,点好蜡烛,与大小嘉宾们一起来分享生日故事。年复一日,孩子每每听到同样的生日故事,脑海中都会浮现自己降临这个世界之初的美好画面。这不仅仅是一个仪式,同样也是给所有听故事的人予以生命的教育,看到生命的价值,珍惜生命的每一刻。这也为日后孩子培养坚定的信念打下基础,在遇到挫折时,能不被他人的贬低和欺凌所打倒。

华德福教育中有很多版本的生日故事,值得各位家长参考。以下分享其中一个版本,家长可以在孩子生日时,或者孩子生日前3周,每天晚上给孩子讲述1次。家长在讲述这个故事时,也能起到滋养自己的作用,不妨在胎教时就开始读这样的故事和歌曲。

生日故事

从前,在一个遥远的地方,住着一个天国的孩子。他在月亮的小屋里工作过,在星星的小屋里工作过,也在太阳的小屋里工作了很长一段时间。每当他在一个小屋里完成了工作,他就会得到一件礼物。有一天,他正和他那些特别的朋友在一起。突然,云朵分开,他看见云彩下面有一颗美丽的圆宝石,他正要仔细看,云朵又合拢了。他把这件事情告诉一位他感觉很亲切的天使。"你看到的是地球。"天使说。"我可以到地球上去吗?"孩子问。"可以,但现在还不是时候。"天使回答。

于是,这个天国的孩子继续和朋友们在一起,继续做着天国里的工作。一段时间之后,云朵又一次分开。这一次,天国的孩子看见了地球上所有的彩虹颜色。他看见蝴蝶在访问花朵,鸟儿在空中飞翔。他们似乎在对他说,快到我们这里来吧。

他看见鱼儿在河里游来游去,大地上满是各种各样的石头和花草树木。他看见地球上的孩子在爬树,在草地上奔跑跳跃,踏着干枯的树叶发出清脆的声音,这一切实在是太美了!他看见地球上的爸爸妈妈在辛勤地工作着。他们当中有的是农民,有的是建筑师,还有的是军人、面包师、鞋匠和商店主。他看见这些爸爸妈妈温柔地照顾着自己的孩子。然后,他看见了一对夫妇,他们充满爱心,非常善良。"哦,我要到他们那里去。"他告诉天使。可是天使回答说:"现在还不是时候,你必须穿越梦的国度。"

于是,天国的孩子走过了一段长长的旅途,穿过了梦的国度。他做了一个美妙的梦,梦见那对特别的夫妇。他非常爱他们,在梦里,他说:"我想成为你们家的孩子。"女人露出温柔而又欢喜的笑容,男人点点头,发自内心地回答说"好的"。天国的孩子把这个梦告诉了天使。天使说:"现在你已经准备好了,可以上路了。我会一直陪伴着你,你从太阳、星星和月亮那里得到的礼物,会帮助你完成地球上的使命。"

在天使的陪伴下,天国的孩子跨过彩虹桥,走下螺旋梯,来到一扇大门前。就要离开美好的天国了。他有一点点担忧,可是内心的勇气和天使的陪伴帮助了他,他穿过了那扇门。一个小宝宝降生在地球上啦,他睁开眼睛,看见了梦中的那对夫妇。

"这是我们的孩子!"他们说:"我们要叫他_____(过生日的孩子的名字)。"

孩子们,在_____(这个孩子的年龄)年前的今天,_____(过生日的孩子的名字)在地球上诞生了。当他完成在地球上的使命,他会得到一份礼物,并将这份礼物带回到月亮、星星和太阳那里。

(故事讲完,爸爸妈妈或主持人可以唱起歌曲《你从彩虹那边来》)

你从彩虹那边来
词曲作者:梁燕

你从天国跨越彩虹而来,眼睛里闪烁着梦幻的色彩。
我用温暖双手捧起满满的爱来承载,抱着我的宝贝轻轻摇摆。
让我用意志情感,来将你引领,等待你那柔软身躯慢慢苏醒。
当你从天堂高处缓缓降临,我牵着你的小手,走进新的旅程。
让我用意志情感,来将你引领,等待你那柔软身躯,慢慢苏醒。
当你从天堂高处缓缓降临,我牵着你的小手,走进生命。

(二)手指谣

研究发现,一位爱唱歌的家长,尤其是妈妈,不仅能提供给婴幼儿温暖的安全感,还能刺激和发展宝宝的听觉和言语能力。一位能够把歌谣用身体呈现出来的家长,更能够帮助孩子发展出身体活动的能力,提高模仿能力和运动能力。家长可以收集一些手指谣,在孩子面前经常演绎。

手指谣一

石头剪刀布呀,石头剪刀布呀,变什么呢?变什么呢?("变什么"的时候两拳转圈再打开)

一只是石头,一只是剪刀,变成小蜗牛,变成小蜗牛。(拳头放在手掌上方,做蜗牛爬状)

石头剪刀布呀,石头剪刀布呀,变什么呢?变什么呢?

一只是石头,一只是石头,变成毛毛虫,变成毛毛虫。(两个拳头叠加,做毛毛虫爬状)

石头剪刀布呀,石头剪刀布呀,变什么呢?变什么呢?

一只是布,一只是布,变成小蝴蝶,变成小蝴蝶。(手掌打开交叉,做蝴蝶飞状)

石头剪刀布呀,石头剪刀布呀,变什么呢?变什么呢?

一只是剪刀,一只是剪刀,变成小白兔,变成小白兔。(两手做两耳朵状,放头上扮兔子)

手指谣二

大拇哥,二拇弟,三姑娘,四小弟,五小妞妞爱看戏,手心,手背,心肝宝贝。(五根手指依次单独亮相,"看戏"时两手做眼镜状,手掌打开再翻过来,最后两掌叠加胸前做爱心状)

手指谣三

云里藏着水,水里藏着鱼,土里藏着小种子,种子里藏着花。(手分别做水流、鱼游、种子和花状)

天空里藏着星星,星星放着光明,请你请你请你请你藏进我心里。(手分别做星星、放射和爱心状)

第四节 学龄前期的家庭教育

学龄前期孩子的心声:"凡够得着的东西都可以摸,凡到得了的地方都可以去,大人在我后面跟着就好。摔倒碰疼了有人给抚慰一下,大人千万不要大惊小怪吓着自己;哭的时候有人抱抱拍拍,大人可不要一见我哭就咬牙切齿、横眉冷对。"

孩子的学龄前阶段,教育是核心内容是"善",与人为善,与环境为善,并且保护孩子的想象力和好奇心。2021年中国早期教育国际研讨会上专家认为,儿童早期教育的目标是5个"自"。①自然:亲近自然,能够顺应儿童发展的自然,在自然环境中自由玩耍,并能过自发、自主接触自然的材料,积极与外界互动,促进感知觉、好奇心、想象力健康发展。②自由:心灵自由——作为一个独立的个体,能够在获得保护、得到情感依恋支持的背景下,自由探索、实现自我成长、自我构建、满足好奇心,提升主动性和自信心。③自律:行为自律——在与同伴、成人环境的互动及不断试错中,逐步了解边界,掌握分寸,学会选择,知道后果。④自理:生活自理——在粗大动作、精细动作、语言表达等方面取得发展,能够逐步学会行走、进食、穿衣、排便、睡眠等。⑤自立:人格自立——逐步建立起不依赖于别人的自我生存的意识和能力,具有进取精神、独立判断能力和担当精神,具有理智和情感。

一、生活习惯的建立——提供模仿的环境

斯坦纳博士认为,7岁前的儿童在没有换牙前,内在器官仍然在发展和成熟的过程中,就像一块海绵,在极度敞开,全盘接受和模仿周围提供的一切,甚至他们的身体器官都在吸纳。儿童的大脑发育,很大程度上得益于有效的观察和模仿。家长和老师在这一阶段最重要的是提供给幼儿一个健康的、益于模仿的环境,在语言、姿态、声音、思想、行动、感受及道德上都要给孩子树立正直的好榜样。

(一)言行一致

家长要知道语言和肢体动作联系在一起的重要性。例如,家长经常在远处呼喊孩子,希望孩子做什么,但孩子通常是"听不见"或者"听见也不愿意做"。好的做法是先和孩子产生联结,放慢脚步,停下来,放下手头的事情,慢慢靠近孩子(大约60厘米至1.5米),面对面,再蹲下来或弯下腰,与孩子平视,做出动作,再看着孩子给出详细的说明。

(1)动作:父母先穿上自己的外套,再拿起孩子的外套,然后停下来说。

语言:左手先进来,然后右手再进来。好的,现在我们把拉链拉上。

(2)动作:父母可以拉起孩子的手,一起走到门口,然后停下来说。

语言:小宝,现在我们该上车了。

(3)动作:父母从橱柜里拿出专门做煎饼的锅和铲子,跟孩子说。

语言:今天是星期天!耶,煎饼日!然后接着说:现在把香蕉和面粉拿出来吧。

(4)动作:妈妈从前面或旁边走近孩子,慢慢抱起他(不要从后面突然出现,这样会吓到他),然后停下来说。

语言:在我们家里,不允许打人。我知道你心里很难受。这样吧,我陪着你,等你的"生气精灵"走了,我们一起去向小朋友道歉。

就这样,有了简单明了的动作在先,父母不用说"你要听我的",孩子就能感受到父母的权威。这些目的明确的行为会带领孩子认识更全面的世界,而父母的身体力行,会拉近亲子关系,孩子越来越信任我们,感到安全和踏实。

(二)注重习惯养成

孩子良好的行为习惯,并不是天生就会的,一定来自于家长的悉心引导。每一位家长都可以开发出适合自己的习惯养成法。我们试着以赖床为例,以一位妈妈的"五步法"供参考。

早上7点,妈妈一边做着早餐,一边过来看到孩子还躺在床上不起来,心急如焚。觉察到自己的焦虑之后,妈妈马上用起了自己开发的"五步法"。

1. 暂停和想象　做深呼吸三下,觉察自己当下的心情。告诉自己,凡事都有3种以上的解决办法,我先冷静下来,想象一个画面:孩子开心地伸懒腰,自觉起床,多么美妙的一天!

2. 从小事做起　为了实现这个目标,我现在可以做的事情,可以是坐在床边,轻轻地

唱起歌:"太阳公公出来咯,出吖出来咯……"如果孩子慢慢醒来,还可以开心地挠他的腋窝,让他也开心地清醒过来。将来可以做的事情,可以是每天晚上安排好早点睡觉,避免第二天睡眠不足而难以准时起床。

3. 陪伴和冷静　　当孩子开始有消极情绪。我可以陪孩子一下,耐心等他发泄完,给他时间冷静。我也可以继续去做早餐,一边唱歌一边做。让孩子感觉没有被指责,他的情绪自然就会来得快去得快。

4. 坚持原则　　算好时间,到点就出门,让孩子明白时间规则是必须遵守的,除非孩子生病了,那就另当别论。

5. 执行到底　　如果孩子真的迟到了,那么我向老师真诚地道歉。即使孩子到幼儿园就哭闹,我也温柔而坚定地跟孩子道别,告诉他:"妈妈也会想你的,放学就会马上过来接你。"通常孩子在老师的陪伴下,哭几分钟,情绪发泄完了,也看不到妈妈了,注意力就会转移到老师、同学和幼儿园的环境中去。等我下午来接的时候,通常会发现孩子在幼儿园玩得很开心。坚持执行几次之后,孩子就会清楚准时起床和上学是一件平常的事情,与妈妈的"分离焦虑"也逐渐消失。

二、初步发展社会化——适应幼儿园

通常孩子3岁就可以上幼儿园,进入人生的第一次集体生活,与其他孩子一起玩耍,一起吃饭、睡觉、画画等。幼儿园为孩子提供了社交活动的场所和环境,什么时间会做什么事情,日复一日,孩子们在有韵律的活动中自然而然地知道接下来要做什么,跟随这些韵律,孩子的秩序感就建立起来了。在这种有序的生活中,内心会感到安宁。同时通过让孩子参与一系列的重复的活动和适合的韵律来发展各种感官,为孩子未来的学习打下身体和心理基础。如果父母在家庭生活中也能保持这样的秩序感,对孩子来说是十分幸福的。

如果孩子上幼儿园初期或中途产生了分离焦虑,除了上面介绍的五步法,家长还可以创作或者借鉴帮助孩子适应幼儿园的故事,例如王阳老师创作的《小考拉上幼儿园》。孩子离开妈妈,离开家,去上幼儿园,对于孩子和妈妈来说都是新的阶段和新的经历。那些盼望,那些担心、害怕,那些分离和思念之苦,可以融化在一个小小的故事里。

在幼儿园门口和大人分离时,如果孩子感到焦虑或害怕,一定要确保老师能给予孩子温暖的关注和额外的爱。家长不要在门口徘徊太久,这样会延长痛苦,孩子需要机会把注意力转到幼儿园。有些家长这时偷偷溜走,并不能让这种分离焦虑消失。父母和孩子说"再见"之后放学后回来接他,有助于孩子相信分离是可控的。父母充分信任老师,在和孩子说"再见"之后,老师会安慰孩子,帮助他适应教室,也要相信孩子会在几周之内适应这种分离的情绪。同时在家里,父母可以和孩子一起与各种玩偶说"你好""再见"等。例如,妈妈正在扮演一只孤独的兔子,它的妈妈要去一个遥远的花园里寻找食物,可以用夸张的方式表现出悲伤和愤怒,让孩子哈哈大笑,从而自然地放下焦虑。

三、想象力与意志力发展——玩耍与家务

学龄前孩子期是想象力发展的关键期。想象力的运用可以帮助大脑发育。大脑就像双手的肌肉一样,当它们需要做适当的工作的时候,才会伸展开。

(一)玩耍激发想象力

学龄前孩子喜欢自由地拿起各种材料,搭建想象中的环境。如安全、温暖的家里或幼儿园有未经雕琢的天然材料,对孩子来说就是最能锻炼想象力的机会。如果给孩子的是现成的、精致漂亮的玩具,大脑就无事可做了,变得越来越钝化。这就是为什么教育学者都鼓励给孩子们天然、简单的玩具,而不是现成的金属或塑料玩具。

适合学龄前孩子玩耍的天然玩具:一篮子不同颜色的棉布、木块,弯曲的木板,小凳子,桌子,松果,玉米芯,贝壳,石头,简单的布娃娃和动物等。孩子们把这些材料搬来摆去,组合或者分开,建造他们想要的世界。一块弯曲的木块变成了一个电话筒,松果变成了婴儿的牛奶瓶等。孩子们体验着"我在这个环境中决定什么,然后我就做到",由此建立对自我的感觉,并塑造坚定的意志。5岁的孩子开始进行相对复杂的活动,他们会用环境中的材料展现自己内在的画面。6岁的孩子可能已经不需要借助外在的物体来保持内在的图景了。在此之后,孩子就具备了进入小学学习的条件了。如果有小伙伴一起玩,他们还会彼此合作,搭建"桥梁""商店""屋子"或制造"火车",有宝宝床的小屋子,有卷发夹和理发师椅子的理发店等,他们的社交能力也由此渐渐培养起来。

1920年,斯坦纳在一次演讲中讲道:"孩子从出生到7岁这个过程中,玩耍中所展现出的个性特质会在他20岁后做独立判断时再次呈现出来。我们现在对孩子所做的事会在他20岁以后依然起着塑造这个人的作用。"

(二)规律的生活帮助身体意志的形成

从小早睡早起的孩子,身体意志会比较好,到了长大之后,当学校要求他早睡早起的时候,他并不会觉得困难。从小做家务的孩子,对于做事情也会觉得是一件很自然的、不费劲的事情,不会觉得累,不会抗拒和勉强。每日、每周、每个季度的生活都形成规律,能够帮助孩子形成对自己身体更清晰的认知,对生活及环境也会产生更紧密的连接和认知。父母带领孩子进入生活,包括大自然的生活和家庭生活,给予孩子空间,让他们自己去看,去感受,尽力让他们自然而然地好奇。在周末和节假日,定期带孩子到大自然的环境中去,欣赏自然界的美好、探索多样性和滋养人的特质:如泥土的质感、植物生长的形态;四季的信息,干枯的秋叶或是潮湿的泥潭。让孩子尽可能地体验这个世界最真实的状态。古人追求的"天人合一"状态,也是有着充分的规律生活,自然生活的结果。

(三)做家务帮助意志的长期形成

父母可以带孩子一起做家务。孩子在最开始对做家务都是非常感兴趣的,觉得非常好玩,不会像成人一样感觉到有负担。如果父母因为怕孩子弄脏衣服、担心孩子耽误做家务的效率而阻止孩子,那么就失去了最佳的教育时机。带着孩子去淘米、洗菜、拖地、洗衣服,甚至培土、养花、种树、收麦子、碾磨玉米等……孩子看着"大地母亲怀抱着种子,土地精灵会准备肥沃的泥土,冬之王召唤着纷飞的雪花,砍柴人在雪地里一深一浅地

走过。春天来了,沉睡的花苞被阳光仙子唤醒"。这些就是孩子需要的生活图景。

在孩子游戏之后,给孩子足够的时间让孩子收拾和整理玩具,并且家长以身作则带头进行,而不是一个命令式或压制式的负担,会帮助孩子认为收拾整理是一种愉快和自然的过程。这里需要注意的是,玩具的数量不要过多,应保持孩子在10分钟内可以收拾完毕的量,才不至于把孩子的专注力耗尽,反而讨厌收拾。

每个孩子都会乐于参与大人的工作,他们在游戏中会无形模仿买菜、熨衣服、使用刀子和除草等工作,孩子这段游戏童年是其日后人生最重要的基石。因此,最重要的是,孩子周围的成人能否将生活安排得有规律、有秩序,是否喜欢工作,是否乐于主动承担责任的人。

四、实训科目:故事知道怎么办——巧用故事中的智慧

对孩子最好的教育方式,除了家长的身体力行,就是讲故事了。爱因斯坦说:"如果想让一个孩子聪明,就给他讲故事;如果想让他有智慧,就讲更多的故事。"他认为,学习知识,只是将别人已经知道的东西记在自己的脑海中,而培养想象力则是认识世界的基础,是进步之源。对于孩子来说,想象的世界与精神世界就如同物质世界,如同日常生活一样真实。在故事里面,孩子有栩栩如生的内在图像,他们发挥自己的想象力,把故事的智慧与自己整合在一起,自然而然地模仿故事里的人物、动物或植物,变成自己的行为图景。因此,每天晚上固定的睡前故事时间,是非常好的亲子陪伴时间。给孩子讲故事,让他们躺在父母的怀里,或者坐在大腿上,这样的时刻,亲子都感到舒心、快乐。讲故事的要点如下。

1. 一个故事重复讲　越小的孩子越要坚持讲得长一些。睡前讲,每天讲,幼儿都不厌其烦,一个故事讲3周后,孩子能对故事自动口述出来,并从中学会很多词语甚至成语。

2. 讲故事的优先方式　演绎—口述—读纯文字故事—读绘本(图2-5)。一个故事有不同的讲述方式,最好的方式就是父母用身体演绎出来,孩子就有直观的感受,甚至让孩子也参与演绎,这样更容易体会故事里面的人物感受,并且对发展他的动作能力有帮助。有些家长不擅长身体演绎,可以用口述的方式,把故事用自己的语言讲出来,让孩子感觉非常亲切。有些家长不擅长自己讲解故事,可以选择自然地朗读文字故事。文字故事没有图画,孩子听时能在脑海中自由地构建相应的图景,每个孩子每次构建的图景是不一样的,是想象力发展的最好空间。如果没有文字故事,家长可以跟孩子一起读绘本故事。虽然没有文字故事那么多的想象空间,但儿童绘本温暖的画风可以给孩子美的享受。不建议父母过多使用手机等其他电子产品来放故事给孩子听。因为这些缺乏人与人之间的联结,孩子既容易养成魂不守舍的习惯,也容易沉迷于电子产品。很多家长发现,一旦拿掉孩子手中的电子产品,孩子的情绪就容易失控。

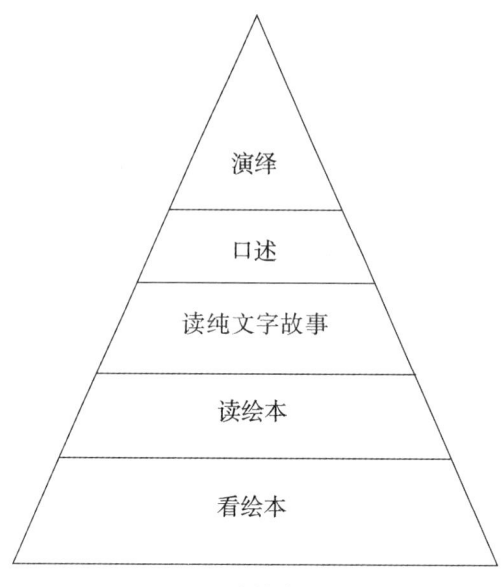

图 2-5　讲故事的层次

3. 讲完故事后，一起创作绘画，或者捏泥塑形、演木偶戏等　当孩子听完故事后，就像吃进去了美味的食物，会随着时间的推移，慢慢消退。如果我们反复地讲，而且能够让孩子通过自己的手把故事呈现出来，那么这个创作的过程，对孩子的大脑和四肢的发展是极大的促进，同时也是对故事智慧的深层次内化。自己创作过的故事，一定比只是听过、读过的故事，印象更加深刻，而且会锻炼出灵活的四肢和发达的大脑。

4. 简单提问　也可以让孩子自己提问，启发式。故事的智慧会激发孩子思考。低龄的孩子可以不用提问，让他们静静地吸收就好。5 岁以后的孩子，适当的提问可以启发他们思考："在故事中的感受是什么？想到了什么？"这是对语言能力的持续提升。

5. 享受其中　把讲故事当作是播种的过程，"滋养"而非"灌输"。如果把讲故事当作说教孩子的工具，孩子就无法享受故事里面的智慧，也失去了独立思考的能力。因此家长在挑选故事的时候，注重"播种思维"，种下"善、美、真"的种子，营造一个好的环境，让种子生根、发芽，给予阳光和雨露，让他们在孩子的心中茁壮成长。

例如，在 2020 年疫情防控期间，居家隔离的人们心情非常复杂，焦虑、抑郁、愤怒等交织在一起。何重本老师在网络上与大家分享了《爱往好处想的老奶奶》，并鼓励家长和孩子们一边讲故事，一边画画。家长们纷纷表示全家人的心情都安定了下来，重拾了对生活的信心。故事里面蕴含着积极心理学里面的巨大能量，面对逆境时，只要我们心怀希望，就能在不稳定中获得稳定，并且可能创造奇迹。

第五节 学龄期的家庭教育

小学阶段孩子的心声:"我可以常常去找我的好朋友,我想的都可以说出来,尽管有些想法会把大人吓一跳。如果我说出想法和感觉只会招来你们的批评和劝告,那以后我就悄悄去做,再不跟你们讲了。我可以决定自己要做什么或者不做什么,当然,我愿意的时候也可以听听你们想跟我说些什么。"

小学生兴趣扩大,由对自己的身体和父母感情,转变到周围的事物上。男女儿童之间在情感上较前疏远,团体性活动多呈男女分离趋势。他们一如既往地爱学习,而在学校的学习只是生活的一部分,同时还在培养社交能力(友谊)、身体能力(体育)、道德能力(伦理、公平和慷慨),以及音乐、艺术或科学能力,所以这个阶段也被称为"能力发展阶段"。

美感是小学阶段孩子的关键期,他们天然地觉得世界是充满着"美"的。学校开设了丰富多彩的课程,包括语文、数学、英语、美术、音乐、科学、劳动、体育、道德与法治等,还有些学校(例如华德福学校)开设了话剧、手工、园艺、农耕、形线画、游戏、弦乐器、空间体育等特色课程,都会给孩子带来美好的感受。这个阶段的家庭教育,重点在于帮助孩子学会"相善其群",重视文化教育(民族、地域、社区)、品德教育(理想信念、文明行为、心理健康)、行为习惯养成(健康生活、学习习惯、劳动习惯)和生命教育(尊重、珍惜、呵护、热爱)。

父母角色要变成"园丁式父母+朋友"。在幼儿时期,父母为孩子包揽大小事务,现在孩子想自己做主,但却仍然无法掌控大局。因此,这个阶段的父母在保持着"父母的权威"的同时,适当放开一些权限,倾听孩子的想法,探讨清楚之后,父母再做决定。这就是"父母+朋友"模式,也称为"园丁模式",具体有以下步骤。①把自己想象成园丁。"我是园丁"的内在图景是辛勤劳动、耐心关爱、时刻保持观察和觉察,了解并熟悉每个孩子不断变化的情绪和需求。②给孩子机会充分表达他新奇的想法,锻炼和开阔看待事物的角度。像朋友一样真诚、仔细地聆听孩子的意见,可以换来孩子的尊重,并让他们更重视表达的方式。③像园丁一样在决定花园的播种和收获时,会留心观察,考虑当时的状态以及他近期的表现,然后再做决定。④保持客观,选择不同的角度认识他的花园(孩子及孩子所处的环境)。⑤有计划地开垦荒地,既要保留可爱的自然风光,也能清理出足够的土地,好让种下的蔬菜、花朵或树木都享受到阳光和雨水的滋养(对孩子的空间给予合理的范围)。⑥清除杂草,杂草看起来微不足道,却可以在不经意中侵占整个花园。同样,开始上小学的孩子会接触形形色色的人和事,他在学校学会的点点滴滴都有可能改变原有的家庭节奏。所以家长要及时清除入侵的杂草,父母仍是孩子生活中的主导,父母说的话也会对他产生重大的影响。例如:"是的,我知道,学校里小朋友会说'笨死了'这个词,但是在我们家,我们不说这样不礼貌的话,你是知道的。坚持你一直坚信的家庭价值观,因为它们仍然是有意义的。"孩子的想法有时就像零乱无章的拼图,父母可以凭借经验确定正确的顺序,并指导他们拼出完整的图案。相信在父母温暖而坚定的帮助下,他们很快就能掌握窍门。

一、第二次觉醒的自主意识——换牙与"9岁之变"

换牙,意味着儿童迈入了一个新的阶段,更"接地气了",例如孩子5岁时,曾经特别梦幻,指着木块说"这是汽车"。7岁时再看木块,就认为"当成汽车太幼稚了"。《黄帝内经》说:"女子七岁肾气盛,齿更发长。"又说:"夫八岁肾气实,发长齿更。"这两句话都是在告诉我们,当孩子掉第一颗牙的时候,这颗牙的生命力就进入孩子的脑部,为大脑增长智力,也开始有记忆力。中医学说"肾通于脑",孩子肾气充盛,脑部能量充足,神经系统已经发育完全,这就是脑部开始进入认知学习,也就是进入小学的年纪。

我们在小学一年级的教室里,可以看到有些孩子已经开始换牙,有些则还留着乳牙。孩子换牙与否,成人应该知道对待这些孩子是有差别的。还没有换牙的孩子仍像幼儿一样喜欢重复的事情,同样的故事讲300遍依然听得津津有味,可是换牙以后的孩子就不同了。他们蓄势待发,对学习充满强烈欲望,要像海绵一样吸收新知识,他们会说"不要再讲一样的了,换个新的吧!"这也就是为什么在7岁前做记忆性和思考性的学习是不恰当的,因为孩子根本还没准备好。等到换牙以后,才是真正开始记忆与思考的学习时机。

儿童开始拥有独立的、描绘性的、图景式的思考能力。因此,儿童可以通过童话及大自然故事的原型图景,或者运用各种感官、身体的活动,吸收印象,并内化、回想,逐渐形成可应用的概念。他们开始逐渐从梦幻到觉醒,发现"自己"这个概念变得越来越清晰,也变得越来越独立。一直到9岁左右就基本完全"醒过来了"。很多家长反映的"三年级现象",又称"9岁之变"——孩子突然又从"很乖很听话",变成"爱反抗",甚至一直延续到青春期,家长又焦虑了。由于小学生处在"他律"阶段,集体意识较强,受纪律的约束还是比较强,所以这个叛逆期通常不会像2岁幼儿期和14岁青春期时的"叛逆"那么明显。在心理咨询中很多成年人在回忆自己童年时代,往往第一个心理创伤就发生在9岁左右。所以这个阶段非常值得我们去探讨。

(一)"9岁之变"来临的一些表现

1. 对死亡的恐惧　有些孩子经常做噩梦,怕黑,怕身边的人死亡,感到失落。他们发现大人们不再是他们心中的完美英雄,产生一种迷失和对死亡的担心。

2. 经常疑惑自己是不是父母亲生的　有些孩子经常要求父母讲他们还是一个小宝宝时候的故事。他们怀念小时候不用说什么父母就能预料他们想要什么并且马上满足自己的感觉。有些孩子重拾小宝宝时期的一些习惯,故意做一些事情公然挑衅父母,来测试父母是否还爱着他们:"我不喜欢你。""你不公平!"当被问到"什么事情让你这么烦?"的时候,他们往往回答"我不知道"。

3. 情绪变化起伏大　一会儿非常的孩子气,一会儿又会像青春期的大孩子,对周围的一切好像都感到不满,像俗话说的"猫狗嫌"。对于更小的孩子感到兴奋的各种庆典活动,9岁的孩子开始感到"很平常啊,有什么了不起的"。

4. 被疏离的感觉　没有人喜欢我,甚至我的老师也不喜欢我!我没有朋友!他们喜欢独自待着,像是在"思考"。他们可能故意对成人撒谎,仅仅是想看看成人是否知道他们在撒谎,试探大人的底线。

5. 开始表达他们的需求　"我想要这个,我不想要那个!"孩子在学校里有了自己的秘密和小团体。他们想瞒着老师做些什么,同时感到诱惑和负罪感。内心有两种声音在挣扎,一种怂恿自己去调皮捣蛋,另一种告诉他们不可以。温尼科特在回忆自己9岁的时候,突然有一天,他对着镜子里的自己说:"我觉得你太乖了!"然后就开始了"叛逆之旅",他偷同学的东西、逃学、打架、不做作业等。

9岁之变这个阶段如果父母能够理解和帮助孩子,这个"动荡"的转变期也可能如白驹过隙,还没有等到父母察觉就过去了。

(二)应对"9岁之变"的方法

1. 首先,家长要看到"9岁之变"的积极意义　有失必有得。虽然孩子感受到了越来越多的困惑和挫败感,但是孩子做事情的能力也有所增强——身体的协调性、理解力和对世界的兴趣都有提升,内在生命和外在能力能够达到一个平衡,使得四、五、六年级教起来都非常赏心悦目。如果孩子不到9岁已经出现青春期的反叛,可能是父母给孩子的智性教育开始得相对比较早,使得孩子的自我意识比较早"醒来"。

2. 其次,家长主动与孩子产生联结

(1)尊重孩子,主动了解孩子的需要,引导他们拥有积极的内心生活。开始慢慢放手让孩子有一些新的自由,但需要描述清楚与自由对应的责任。不要对孩子的身材和体重评头论足,也不要在孩子面前提及大人对身材的烦恼。

(2)理解他们对于隐私的要求。进入他们的房间要敲门,如果孩子没有准备好分享他们的感觉,请不要给他们压力;有时候,他们需要的仅仅是一个拥抱,或者抱着他们静静地陪伴。条件允许的家庭可以给孩子一个单独的房间或至少属于自己的特殊私人空间。一个真正经历过这种分离感的孩子,青春期反而会相对容易一些。

(3)不要完全像大孩子一样对待他们。如果给他们看成熟的电影或书籍,穿着打扮像成人一样,他们会变得早熟,提前进入青春期对孩子的身心发展并无好处。

(4)重视孩子的反馈。对于孩子谈论有关学校里发生的事情,父母感觉不对劲或者不太理解时,及时与老师取得联系。如果发现孩子撒谎,第一时间不是打骂指责,而应先冷静下来平静地和孩子沟通事情的来龙去脉,鼓励孩子主动承担后果。

(5)引导孩子的精神世界。考虑带孩子去教堂、寺庙、博物馆、民俗风景区或者其他可以提供有仪式感或者精神层面指引的地方。经过了9岁之变之后,孩子需要和精神世界重新建立联系。他们可能会思考有关善恶是非的各种问题。还可以考虑每个周末或者暑假有意识地带孩子去大自然中走走。这些有规律、有韵律的家庭活动也能很好地支持孩子对于精神世界的探索。让孩子了解自己生活的这个地球,了解人们是如何让自己吃饱穿暖的,从而带给他们对这个世界的信任感,相信自己也可以独立地生活在天地间。

(6)还可以尝试给孩子提供农耕机会,让孩子亲自体验播种、收获、享用的整个过程,为迈出独立生活的第一步做准备。在此过程中,更加深了孩子对周遭世界的信任和安全感。可以给孩子引入植物学、动物学、地理等,让孩子系统地了解自己以后赖以生存的这个世界。为孩子选择合适的内容,通过唱歌、舞蹈、戏剧等艺术的方式,滋养孩子心灵和精神的发展。

（7）带领孩子多阅读。这时候不要给孩子的阅读设置过多的限制，只要是孩子感兴趣、和他的年龄段相符的、可以提升阅读兴趣的书籍，父母都应该给予鼓励。孩子会有自己的阅读轨迹，慢慢地，阅读的兴趣会更加广泛，从阅读中逐渐发现自我，书籍类型从故事类会过渡到非故事类，如人文的、心理的、知识类的，开启探索整个世界的旅程。

总的来说，9岁之变对家长和孩子来说都是一件值得拥抱的阶段，家长的理解、懂得、接纳和陪伴，就是对孩子最大的支持。

二、用勤奋克服自卑——养成良好的学习和生活习惯

美国疾病控制与预防中心（CDC）报告显示，学龄期的孩子自尊心尚在萌芽中，十分脆弱。他们对于融入同龄人的团体十分在意，行为和语言都受到同龄人的影响，也因此在和他人的交流中，面临许多压力和困扰。大多数孩子都会通过勤奋学习、勤奋劳动、勤奋交流克服自己的自卑。家长如果在这个阶段打击孩子的"勤奋"，将会加重孩子的自卑。

家长需放下对孩子学习成绩的期待，把注意力放在多肯定孩子的"勤奋"上面，并强化这些"勤奋"。孩子在为家庭付出劳动，在学校里为班集体付出劳动，都会让他们感到光荣，富有价值感和成就感。

案例对话

孩子："爸爸，班里有个学霸天天玩，考试还能考满分，她为什么这么聪明？"

爸爸："你见过鸭子凫水吗？"

孩子："见过啊。"

爸爸："从表面上看，我们只能看到鸭子悠闲自在的模样，但潜入水下后才会发现，原来它的鸭蹼一直都在拼命划水，一刻都不停歇。学霸就像水中的鸭子，看似光鲜亮丽的背后，都隐藏着你无法想象的付出。在学习这条路上，哪有什么天赋异禀，追根溯源，不过是脚踏实地的努力。"

9岁之前帮孩子养成好的生活习惯，建立好的节奏是非常容易的事情。等到孩子9岁之后再想去纠正孩子，可能就很困难了，需要花费几倍的努力。家长可以用自己的自律作榜样："我就是这样做的，不是为了给你看的。"这些习惯包括但不限于以下几种。

1. 自己的作业自己做　很多家长在这一点上本末倒置，总担心孩子没有做完作业被老师批评，就总是要盯着孩子，结果孩子把做作业这件事情看成了沉重的负担，并不觉得是自己的事情。

其实孩子是有能力慢慢找到完成作业的方法，关键是家长是否能够相信孩子自我探索的能力，以及是否有耐心等待这个从"不行"到"行"的过程。

案例分享

A妈妈在小A上二年级之后就没有陪过她写作业，不会盯着她这道题怎么做、

那道题怎么办。但 A 妈妈会在她旁边待着,比如看书。这个时间大家都是安静的,各自做各自的事情。孩子练琴的时候,妈妈也不陪练,她碰到新的曲子攻克不了的时候,她就会跑过来说:"妈妈,太难了!"妈妈说:"来,妈妈抱抱。"像抱小宝宝一样抱两下。"好了吗?""好了。"孩子就自己回去接着练了。

2.自己承担破坏规则的后果 孩子如果没有完成作业,或者是上学忘记带作业本了等,家长就应当让孩子承担没有遵守规则所带来的后果,这样孩子才会明白整理好学习用品是自己的事,不能依赖别人,印象深刻,下次就不会再犯了。

3.东西用完及时归位 这对家长来说也是非常大的挑战。如果家庭中有人存在乱放东西的习惯,那么孩子也很容易模仿,并且孩子对物品的态度也多是不珍惜的,更容易养成铺张浪费的陋习。

4.时间管理 家长可以培养孩子规划自己的时间,制作时间表,但并不是做完了就算了,在前期需要持续跟进,跟着时间表来走。如果感觉执行不了,那说明时间表需要调整。通过共同的调整,再次实践,直到感觉这样的生活和学习节奏是舒畅的,那就坚持执行。在前期可以借助一些时间提醒的工具,例如"番茄钟"等,一旦形成了有节奏的习惯,时间表就内化到心里,孩子不需要看表,都知道到了什么时间应该做什么事情。

5.零花钱管理 家长可以开始给小学生零花钱了,让孩子对自己的生活有一定的决定权。有意识的家长甚至可以帮助孩子进行财商管理。每周给孩子几块钱,并引导孩子去思考这些钱是怎么来的,可以怎么花,有什么办法可以用钱来实现自己的愿望,并且可以持续保有财富(详见第三章财富管理部分的阐述)。

三、用"计划三明治法"来适当满足孩子的需求

父母可以或多或少地让小学生参与到家庭的日常决策中来,这对培养孩子的思考能力与良好品德有着重要影响。当孩子说出自己的需求时,我们可以用"计划三明治"的方法来与孩子沟通。

1.顶层——"你的计划是什么" 家长真诚地征求孩子的意见,倾听他们,即使发现他们的想法已经误入歧途,依然可以鼓励他说出自己的困惑。这是正向的示范,如何尊重与聆听他人。

2.中层——"让我们想一下" 孩子已经知道,父母才是掌握大局、决定方向的人,需要时间去思考和讨论,调整具体细节,甚至改变整体框架。我们即使满足孩子的部分或全部愿望,也可以延迟一两天满足。父母留给自己思考的空间,既能培养孩子的"延迟满足能力",也让沟通变得更为顺畅。

3.底层——"这是我们的决定" 经过慎重的思考,父母双方可以把夫妻共同的决定告诉孩子,但要遵循"天时人和地利"。

第一,合适的时机。让孩子选择合适的时机告诉父母的想法,而父母也选择合适的时机来告诉孩子最后的决定。

第二,和平原则。每个决定要把家人或其他相关的人考虑在内,提醒孩子要有集体的观念。例如:"你能把你的想法告诉我,我很开心,而且在我考虑的时候,你也能够耐心

等待,这很不容易。我本来想说不行的,但看到你这么渴望,我决定再试一次,看看能不能约其他时间。明天肯定不行,我们已经有很多安排了,但我会给小明的妈妈打电话的,我保证,一定尽快让你俩见一面。"

第三,语气平和。说话时像大地一样是平静的,保持礼貌,使用得体的词语、语气和肢体语言。如果孩子用词粗鲁,或者在朋友或者亲戚面前表现得极不礼貌,他很有可能没有意识到自己这样做是不对的。在这种情况下,父母最应该带他到安静的不被打扰的地方,帮助他们回忆自己的行为和语言,当他们足够平静的时候,会发现自己让别人不舒服了,那么家长就可以告诉他以后应该怎么说、怎么做。

4. 万一事与愿违:不忘承诺　生活并不总是一帆风顺,与孩子精心计划的事情还是有可能因一些意外事件而取消。如果计划流产,父母要告诉孩子并没有忘记自己的承诺,并和他一起商量如何弥补。让孩子学会共同承受失望、面对挫折越挫越勇,也正是父母想带给孩子的人生礼物。

5. 在喂养"计划三明治"中挖掘孩子的不同潜能　父母在"三明治"式的沟通中,不要忘记自己培养孩子的目的是帮助孩子发展自己的品德和能力:认识因果关系,而非只顾眼前;以大局为重,全面看待事情;耐心等待,审时度势,适时表达,进退自如;与他人合作,共同制订计划,虚心接纳他人的反馈和建议;当计划有变时,可以迅速调整自己,接受不同的结果和处理方式。

四、实训科目:亲子形线画

1919—1924 年,施坦纳博士和英国及欧洲中部的许多教师一起,将形线画引入了华德福学校的课程体系。这门奇妙而有益的课程有效地帮助孩子们完成了包括视觉、听觉、触觉等诸多感官与身体活动整合、协调的活动。自引入中国 20 多年以来,形线画不仅应用到了课堂上,且被越来越多的家长用来体验和陪伴孩子健康成长。

家长带领 6~12 岁的孩子们循序渐进地画,通过"做"和"活动",而非程式化的刻板学习,不断地指向和发展孩子的"思考、情感和意志"。家长可以参考相关书籍的模板,每周 1~3 次,由简单到复杂慢慢带孩子体验,每次一种类型的形状即可,换不同颜色的笔(图 2-6)。具体包括以下几步。

(1)在一张白纸上画形状给孩子看。

(2)孩子在空中画形状,顺时针和逆时针两个方向都画。这个过程,家长也一起参与。可以用脑袋、鼻子在空中用动作来画。

(3)把刚才在空中画的形状画到本子上。

(4)孩子们可以在室内或者户外走着画形状,在花园里、公园里……和父母兄弟姐妹一起画,和小伙伴一起画。

(5)大一点的孩子可以依据给出的例子来创作他们自己的形状。

图 2-6 形线画的动作与绘画示例

第六节 青春期孩子的家庭教育

青春期孩子的心声:"我可以有自己的理想和计划,而且我可以尝试去实现它们。你们可能会担心,但你们只会说出担心,而不会禁止我去做。如果实现不了,我可以跟你们说说烦恼和难受。难受过去后,如果你们不批评、不嫌弃的话,我会很希望听听你们的想法和经验。"

"真"是这一阶段教育的核心。青春期的孩子以思考为主导,求真、求实,通过探索和研究学习成长的手段,以发展道德责任感和创造性思维为主要工作。学校会开设大量自然科学课程和人文课程,如语文、数学、物理、化学、生物、历史、地理等,还有些学校开设了特色课程,如农艺、星象学、气象学、投影几何、科学史、文学、宗教学、社会学、艺术史等。如果没有其他因素的干扰,孩子们会非常热爱学习,并勇于探寻心中向往的"真理"。

13~18岁孩子的家庭教育指导重点在于帮助孩子学会融入社会,包括培养公民素养、性别平等、信息素养,以及做好学业与生涯规划。其中公民素养是指人的全面素质,是与国家法律制度、政治制度相适应的品德、知识、技能、情感,主要内容包括爱国主义、集体主义、社会主义、责任教育、法制教育、公德教育和人格教育。

父母角色:知己朋友+父母。父母的功能中"朋友功能"占了更大的比例,而"父母功能"的比例在缩小。孩子已经接近成人,需要我们更多的尊重和边界,但家庭仍然是孩子人生路上的指路明灯,父母的态度非常重要。开明的父母会给出所有的信息供孩子参考,然后把决定权交给孩子。父母仔细聆听孩子的想法和计划,然后像图书馆的管理员一样从浩瀚的历史经验中挑选出最适合的资料,并帮助他们设计最佳的路线,而不是凭借一己喜好左右孩子的人生,最后由孩子决定走哪一条路。当孩子误闯危险境地时,父母也会毫不犹豫地出现,帮他们看清方向,指明道路,这个过程既幸福又耗费精力。从另一角度来看,父母借由孩子的双眼看到一个崭新的世界,而这一珍贵时刻,亲子关系也成为一座大山,让孩子在山顶看到更宽广的未来。他们在真正踏上属于自己的人生轨迹之前,我们必须一路随行,给予支持、陪伴和引导。

案例分享

有一个男人在父亲的葬礼上回顾他和爸爸之间的一件事。那一年,他从老家考上北京大学,高三毕业后的暑假,得意洋洋之际,他耍了个小聪明,没有买月票,用同学的月票坐了几次公交车。后来他爸爸就知道了,知道以后也没说话,等送他到火车站去北京上学的那天,正好那个车的终点站就是火车站,他爸爸就一直坐到终点站,等所有的乘客都下完了以后,拿出两块钱给服务员说:"这补我儿子的月票钱。"下车以后,他爸就说了一句:"儿子,做人要诚实。"后来父亲的这句话就成了他一辈子做人的原则。

这位父亲为儿子保留了自尊,并且身体力行地让儿子明白诚实的重要性,在没有惩罚的教育中做到了给予孩子一生积极影响的信念。

一、接纳人生的第三次"叛逆"

青春期的孩子内心是强大又脆弱的。身体发育的速度往往超过了心理发育的速度,心理进入了明显的对比(正反)阶段,走向独立的开端,在艺术表现时他们喜欢黑白而不喜欢彩色。他们会执着于辨别真假、是非、黑白、好坏和善恶,凡事进行"非此即彼"的判断,很容易走极端。他们慢慢认识到自己的想法在家庭生活中的重要性,然而他们情绪恢复力脆弱,不仅无法应对自我成长与家庭价值的冲突,还承受碰壁和失败的痛苦。

就像人体感染病毒或细菌之后可能会发热,只要成功退热,身体免疫系统就多了一层保护。情感也是如此,青春期的孩子每次"高热"消退,掌控生活的能力也会与日俱增。给予孩子冷静和温暖的支持,无疑是最强效的退热药。

(一)内在的"情感重塑"

他们往往有一段时间特别不愿意和外界发生太多情感交流,而全身心投入内在的"情感重塑"中。

1. 窘迫　任何评价式语言或行为(批评或表扬)都会让他们感到窘迫和难堪。
2. 独处　因为敏感,他们更愿意与大自然亲密接触,或者窝在自己房间里。
3. 角色扮演　为了修复自己的情感创伤,青少年常常会为自己设定一个角色作为保护色,比如体育迷、音乐发烧友或滑冰爱好者。他们把真实的自己隐藏在角色背后。在生活中体验各种各样的角色是正常的,然而隐藏在这些角色中的压力根源如果一直得不到解决,这个年纪的孩子很可能在角色扮演中迷失自己。作为父母,应该尽快走进他们的内心,了解他们的压力是什么,然后对症下药。如果直接指责他说话的方式或沉迷的音乐类型,只会引起他的厌恶和逃避。家长应该从根源上帮助他们减少压力,比如帮助他们修复和朋友的关系、取消繁重的补习课等。

（二）思考拓展

他们会从执着于一个想法,发展到视野更开阔,逐渐认识到生活的复杂性和多面性。为了探知生命的意义,一些青少年在文学作品或科学世界中寻求答案,而另一些人则选择投身于社会实践和团体组织中。

（三）寻找理想和经历失望

他们的人生方向会随着时间和心境的不同而不断改变,小到一日三餐,大到成家立业,可能是未来的人生规划,也可能只是接下来一个星期的旅游攻略。他们的愿望可以很豪迈,比如立志消除社会的不公平现象;也可以很温情,比如只想给受伤的朋友一点安慰和鼓励。了解这些或大或小或远或近的目标,父母才能认识青少年眼中的世界、需求和烦恼。如果父母像朋友一样投以真诚而浓厚的兴趣,就会换来孩子的诚实和信任。认识社会的不足是人类的一大进步,然而如果只看到阴暗面,人会变得愤世嫉俗、消极堕落。敏锐的家长应该及时察觉,并为孩子展现更全面的视角。例如,当他们关注无家可归的难民(消极面)时,父母可以帮助他们看见从世界各地运来的食物和帐篷(积极面),善良和关怀从来没有一天放弃过努力,而这才是全部真相。当孩子看到新闻说森林被砍伐严重而感到愤怒时,家长帮助他们从愤愤不平中走出来最好的办法,就是和他们一起探讨我们能做些什么帮助当地的居民。也许他们会选择参加学校的护林研究项目、募集资金、在社区植树等,都会让他变成更主动的人。

父母的核心任务是:帮助青少年用最小的伤害,尽快找到人生目标。这显然不是一朝一夕就能完成的,不仅需要耐心观察,更需要反复沟通。

（四）自我中心

青春期的孩子常常想都不想就拒绝父母的要求,或者极不情愿地接受。这是因为他们已经没有能力去承受更多的压力,又到了"自我中心"的阶段。在青春期之前,父母都有机会通过培养和加强孩子的社交技巧,保证他们在发现自我的过程中,不会走向真正的自私自利。

大脑滤网帮助每个人过滤信息:"这件事跟我有什么关系?"青春期的孩子常常会误解成人的本意。当父母怀着好意给出自己的意见时,孩子可能会懒散地躺在床上玩手机。这种鄙视的态度和神情,有些是反复无常的,也许前一天晚上还因为生气闭门不出,第二天早上就能贴心地为父母做好早餐。父母主动提出要帮忙的时候,他会大喊:"别再把我当小孩子了!"可是过了几个小时,假如他的计划失败,他又会推卸责任:"你看我干什么! 我就是个孩子!"这些常常让父母抓狂。为了让孩子参与到对话中,最好先给他一个表达的机会,让孩子意识到这场对话的主角是他。父母可以这样问:"你对自己准备做的决定有什么看法?"这样才能缩短彼此的距离。

当被青春期的孩子惹怒的时候,父母也要尽力保持冷静。当他们表现出情绪化的时候,正是他们脆弱的时候(可以回顾"2 岁之变"中回声原理相关内容),而父母的任何负面情绪都有可能加重他们的压力和负担。

作为大脑的执行中枢,随着额叶功能的不断发展和完善,青少年在做决定时已经可以预测不同选择的可能后果。当然由于经验所限,他们的判断可能出现漏洞,这就需要父母加以指引。①当问题出现时,让孩子说出他认为可行的2种或3种解决方案。如有必要,父母也可以给他一些提示。这能让他们学会在做决定之前,多观察、多思考、多发问。②当孩子给出不同的选择时,父母帮他预测可能的后果,判断每一种方案的利弊。这意味着父母应该帮他总结零散的信息。③让孩子对自己的选择多一些信心。适当的肯定,可以帮助孩子建立自信,变得更加成熟。计划赶不上变化。变化也未必是坏事。告诉孩子,不论他们想要如何改变、何时改变,父母都会陪伴在身旁,帮助他们重新规划、重新选择、重新启程。孩子都喜欢听父母讲过去年少时犯错误或挑战权威的经历。当父母需要指导或管教孩子时,要善用这些生动的故事。这些故事既传达了对他们有帮助的人生经验和价值观,又不会看起来像批评或同情:"我想我听懂你的意思了,其实我在你这么大的时候……"④适时插手,适时旁观。很多青少年已经具备了基本的能力,可以解决人生中的大部分选择。即使如此,当他们面临危险或重大抉择时,作为指导者的父母也应该毫不迟疑地插手。插手和旁观之间,有着微妙的界限,需要建立平衡。当预见到可能的危险时,父母可以把自己的担忧坦诚地告诉孩子,不失尊重和礼貌,又乐意给孩子自由和空间:"马上要考试了,你的计划没有预留出复习的时间,我想你可能早有准备。如果你能把你的想法告诉我,我就不会这么担心你并一直催你看书,这样我也能睡得好一点。"

二、尊重孩子发展同伴关系

青春期是人一生中最在乎同伴关系的阶段,观察同龄人的言行举止,几乎主宰了孩子的日常生活,他们开始穿一样的衣服,说着只有自己人才能听懂的语言,开始听一样的歌曲,甚至做一样的动作。虽然此时孩子仍然有亲密的好朋友,但是加入一个群体,就意味着大家出于对同一事物的喜爱走到一起,这种联系更为紧密而强烈,对孩子的影响也更为巨大。青少年并不反感和父母讨论他们的朋友,但如果父母居高临下地批评和评价他们的朋友,只会让孩子感到被冒犯和轻视,因此家长要注意措辞和态度。如何引导孩子学会交朋友的技巧,避免误入歧途呢?父母需要利用自身年少时的经验和感同身受,平等和真诚地与孩子对话。

《父母规》倡导的交友观:"益三友,友直者,友谅者,友多闻。损三友,友便辟,友善柔,友便佞。见益友,思齐之,见不益,内省己,严律己,待人礼,不自私,利他益。"家长注意引导孩子结交直率、大度、见多识广的朋友。相反,那些在背后说别人坏话、小气、怂恿别人使坏的人,要远离。自己对待朋友要真诚有礼,有利他之心。

首先,让他们明白世界上的友情有很多种:"你可以跟很多人交朋友,但是只有一小部分人是你可以信任的。当你遇到了麻烦,你会第一时间去找他们。"这是最简单的区分,有些友情流于表面,有些却是肝胆相照。越简单的解释,越容易得到孩子认可。例如:"你记得11路车吗?在我们家门口,能到郊区,也能到市中心的那辆。其实交朋友就像坐车,你想去市中心,有的朋友就是11路车,能把你送到目的地。另一些却是反方向的,离市中心越来越远。最近你常提起的这群朋友,他们是哪个方向的呢?"

其次，要考虑孩子的不同性格，顺其自然。如果是外向型孩子，他们享受被认可的感觉，甚至把所有人都当作密友，但是尝试越多意味着失败的可能性越高，容易有反复的焦虑和失落。如果是内向型的孩子，他们不喜欢社交活动，即使有很多孩子愿意接近他，最多也只会拥有一个亲密的朋友。

最后，让孩子知道父母有最后的"兜底"作用。当一段友情强迫他改变自己的本性或者做自己不愿意的事情，他和朋友相处得不够顺利时，他知道父母永远会在家里等着他，给他支持和鼓励，家是最安全的港湾。

案例分享

有一位初二的女生跟妈妈说，最近一段时间，班里一个女同学建了个QQ群，拉拢几个同学在群里说她的坏话。后来一个关系较好的同学截屏给她，她才知道。让她真正伤心的是，其中有两个平时跟她关系很好的同学也说了她很多坏话。妈妈听到后很认真地跟她梳理了事情的来龙去脉。事实上，她在学校跟那个建群的孩子很少有交集，这是孩子间的嫉妒与恶作剧。

妈妈此时分享了自己在职场里的人事纷争，跟她说人有时为了合群与自保，就可能做出违背良心的事："确认自己是不是因为做错事而挨骂，如果不是，那么恭喜你，你是被嫉妒了。什么样的人会被嫉妒？一定是比别人优秀的人才遭嫉妒。"爸爸妈妈一起给女儿讲了许多他们成长过程中、工作中遇到的同类事件。最终，女儿如释重负，破涕为笑。

事后，妈妈给我打电话，希望老师能帮忙留意孩子的状态。老师观察发现，女孩依旧那么阳光快乐，和往常没有任何区别。老师和她提起这件事，她说："老师，我爸妈说得对，做人是要有好人缘，但也得有被别人讨厌的勇气，不可能所有人都喜欢我，哈哈哈。"老师又问："那现在面对那两个背后骂你的好朋友，还难过吗？"她说："她们一直以为我不知道，所以对我比从前还要好。我真替她们难过，一个人做了自己不想做的事，把自己变得这么分裂，真不划算。"明明自己受了伤害，却依然觉得伤害自己的人很可怜，看着这样情绪稳定、成熟的女孩，老师感到非常骄傲："这比她拿出任何一张成绩单，都让我感到满足。因为能够预见未来的她，会成长为一个情绪健康、给别人带去更多阳光美好的人。"

——摘自写故事的刘小念《口述丨我是李老师》

三、带领孩子做职业生涯规划

很多家长以为孩子上大学之后才需要做职业规划，其实不然。很多孩子在高考填报志愿时就非常迷茫，甚至大学毕业后也对职业选择缺乏了解和见解。越早确立合适的目标并且做好规划的孩子，学习起来会更有动力，做事更有效率。"我以后想当一名救死扶伤的医生""我想当一名老师""我想当科学家"……几乎每个孩子都对自己的未来充满了美好的憧憬。这种憧憬带来的内驱力不容小觑。

从孩子初中开始，父母就可以带领孩子做职业生涯规划了。每个孩子都有属于他自己的优势领域(详见第三章多元智能相关内容),父母要相信孩子,并通过了解孩子自身的性格、兴趣、能力、价值观等特点,再结合客观环境如升学就业等信息,逐渐明确自己的升学和发展目标,并为之制订计划,采取行动。

当孩子说想选某个专业或职业时,家长可以启发孩子思考:"你从哪里知道这个专业呢?它最吸引你的是什么?你的优势是什么?这个专业里面有没有你不喜欢的呢?"当孩子说不知道选什么时,家长可以回顾孩子的成长历程。孩子从小对什么感兴趣?在哪些方面展现出更高的专注力和成绩?孩子适合怎样的生活方式?未来孩子想获得什么样的价值感?家长还可以带孩子去观察或者适当体验他感兴趣的职业,让他们有更直接的感受,启发更深刻的思考,再做选择。

当孩子感到没有信心,不敢往理想的目标前进时,家长要培养孩子的"成长型思维",给孩子信心:"我们通过一起学习和努力来实现目标。"家长如果没有把握找到孩子的优势领域,可以请专业的职业生涯测评师或顾问,通过相关的测评找到参考数据。

《父母规》中倡导的成就观:"修身心,养道德,为往圣,继绝学。齐家正,治国能,为万世,开太平。"家长引导孩子修身养性,向前辈圣贤学习,无论未来从事哪一项工作,一定要遵循职业道德和社会公德,在收获一份有幸福感的工作同时,为社会为国家做出应有的贡献。做出专业或职业的选择范围之后,父母更要鼓励孩子把目标分解落实到具体的行动上,例如做哪些准备,如何分配在学习和兴趣活动上的时间,向哪些人或者团体学习,等等。

四、预防与应对青少年抑郁症

2021年,中科院心理所做的国民心理健康的研究发现,24.6%的中小学生有抑郁的状况,世界卫生组织、世界银行和哈佛大学的一项联合研究表明,抑郁症已经成为中国疾病负担的第二大病,因此预防青少年抑郁症刻不容缓。抑郁有4种不同程度,由轻到重分别是抑郁情绪、抑郁发作、抑郁状态和抑郁症。抑郁以情感低落、思维迟缓、意志活动减退等为典型症状。抑郁症严重困扰患者的生活和工作,给家庭和社会带来沉重的负担,约15%的抑郁症患者死于自杀。

(一)抑郁症的明显表现

1. 情绪持续低落,或者心境低落与躁狂交织出现　有些孩子会说:"很多天了,我觉得很丧。"还有些孩子会轻易因为别人的一句话,像狂风暴雨一样大发雷霆。有些孩子一天的心情就像过山车一样,白天兴奋得狂做作业,连饭都不肯吃就要拼命学习,到了晚上就趴在桌子上失声痛哭。情绪的大起大落,是躁狂抑郁双相情感障碍的表现之一。还有一些孩子是"微笑型抑郁",就是在别人面前从来没有表现过消极情绪,总是笑脸迎人,但是自己一个人在房间的时候,却总是感到非常难过。

2. 丧失自信心,觉得自己没有价值　有些孩子会陷入很低的自我评价,觉得自己很没用、成绩差、长得不好看、同学不喜欢自己、自己一无是处等。

3. 对一向喜爱的事物和活动失去兴趣　对以前感兴趣的东西都提不起精神了,比如以前喜欢跟同学出去玩,现在不想去了,以前喜欢唱歌,现在不唱了,诸如此类。

4. 食量明显比以往减少或增加　有些孩子暴饮暴食,吃到自己肚子撑爆了仍然停不下来。有些孩子是厌食,什么都吃不下。还有些孩子暴食之后,让自己呕吐出来。

5. 失眠或异常嗜睡　有些孩子难以入睡,拿着手机才能度过漫漫长夜。有些孩子是相反的,觉得怎么都睡不够,无论睡了多久,白天都在打哈欠。

6. 头痛、胃痛或其他部位不适　身体莫名的不舒服例如头痛、胃痛,但是去到医院检查又都说各项指标正常。家长、朋友可能会以为孩子在"装"在"作"。其实不然,孩子可能是心里不舒服,但是他们说不出来,就通过身体的疼痛表现出来。

7. 烦躁不安或呆滞迟钝　孩子可能对别人说的话没有反应,跟平时很不一样。

8. 重复地想着死亡和自杀　有些孩子用刀去割自己的手,他说:"当伤害自己的身体时,我心里的痛就减轻一些。""如果我离开这个世界,爸爸妈妈就不会这么痛苦了。"这些极端的想法,都是需要家长重视的,必须及时送医。

以上是供家长参考的抑郁信号,具体要以医生的专业临床诊断为准。抑郁症不是一天两天形成的,孩子一开始可能只是有抑郁情绪,就像成人一天工作下来觉得很累,很没精神,觉得做事怎么都做不好,也可能有抑郁情绪,但或许睡一觉起来就好了。如果这种情绪反复持续 2 周以上,就可能是得了抑郁症,尤其是有自伤和自杀的风险,需要赶紧送医院就诊。

(二)抑郁症的原因

1. 生物因素　包括遗传和年龄两种因素。通常孩子直系亲属的三代人中如果有人曾经得过抑郁,那么这个孩子得抑郁症的概率可能会更高。青春期孩子的大脑激素分泌处在一个特殊的时期,例如调节情绪的 5-羟色胺急速下降,因此情绪波动较大,要么过于亢奋,要么过于低落。一旦遇到外界环境或者语言的刺激,就有可能导致情绪失控。

2. 家庭因素　家庭关系冷漠或冲突。如果家庭关系是紧张的,家庭氛围给孩子感觉是冷冰冰或冰火两重天的,父母总是否定孩子、攻击孩子、打压孩子,孩子得抑郁症的概率也更高。孩子会从他人的否定和攻击转身自我否认、自我攻击和自我惩罚。把父母的负面情绪全盘接收过来,觉得自己没有用,自己的存在为父母带来的痛苦,所以会产生"不如结束自己的生命来减轻父母的痛苦"的极端想法。有些孩子会认为既然父母认为父母做的一切都是对,而自己做的都是错的,那么自己"可以一招制敌,用伤害自己身体来惩罚父母来证明父母是错的"。

3. 压力性事件或创伤事件　包括学业压力太重、考试失败、人际关系不好、失恋、亲人离世、父母离异、校园欺凌甚至遭受性侵,这些对孩子的身心都可能造成创伤。

(三)抑郁症的预防与应对

目前世界卫生组织公认的有效治疗抑郁症的方法是:医学干预(例如药物治疗)+心理治疗(或心理咨询)+运动康复。除了及时就诊,接受治疗和咨询之外,家长是孩子身边最重要的人,家长的态度也是最重要的。家长需要做到以下几个方面。

1. 边界的建立　让孩子清楚什么事情是"父母的事情",什么事情是"自己的事情",什么事情是"我们共同负责的事情"。比如说孩子可以多发展自己的兴趣爱好,有自己的时间和空间,不用整天操心父母,不用把父母的不开心全部归因到自己身上。

2. 给孩子成就感、价值感，帮助孩子成为他自己　在兴趣爱好中、在学习中、在助人为乐的过程中肯定孩子，让他们感觉到自己是一个有价值的人，而且是从很多方面都能获得成就感的人。

3. 维持良好的家庭关系与亲子陪伴　父母给予无条件的爱与陪伴，让孩子知道"我的身心健康是最重要的。无论我变成什么样子，爸爸妈妈依然爱我。如果我不开心，可以跟爸爸妈妈说，他们可以陪伴我，任何困难，只要我们一起面对，就一定能够克服"。

对于抑郁中的青少年来说，最需要的是共情、理解和陪伴。当父母可以像朋友一样倾听孩子、理解孩子，孩子就能逐渐找到内心的力量，变得不容易抑郁，或者即使得了抑郁症，也能更快地走出来。有时候默默地陪伴就已经是非常重要的支持。劝导他们说"不要想太多"这一类的话，反而会让孩子觉得自己不被理解，更不愿意向父母敞开心扉。

4. 重视睡眠质量的改善　统计显示，现在的青少年平均睡眠时间只有6小时。青少年控制自己的情绪和大脑冲动的5-羟色胺本身就分泌不足。一旦睡眠不足，注意力无法集中会使得他们冲动，也会导致更多的挑战性行为和更紧张的家庭关系。父母让孩子认识到睡眠不足对他们的影响，才能和他们一起制订新的计划。例如在周六的下午，尤其是在他睡了一个大懒觉，卸下了一周的疲惫之后，向他提出以下建议。

第一，每天晚上在同一时间睡觉，误差不超过30分钟。

第二，把电子产品，尤其是带有发光屏幕的产品（电脑、手机、电视和电话手表）的使用时间"提前"。比如睡前90分钟，不使用任何带有发光屏幕的电子产品（多项研究已经表明，LCD屏幕发射的光会干扰身体的功能，让人感觉不到困倦。这类光源同时会抑制褪黑素的释放，而后者是促进睡眠的重要激素）。

第三，全天减少糖类和咖啡因的摄入，尤其是睡前。

第四，早睡早起。如果考试前连睡觉都在听课堂录音，这些声音并不会被转化为记忆，反而成了噪声。临时抱佛脚是没有用的，大脑也需要休息。

第五，为一天中重要的活动设定时间节点，例如吃饭或洗澡等多个时间节点，青少年能够更容易适应这种有序的生活节奏，原本的生物钟也会得到强化。

第六，避免在睡前讨论重要问题。在睡前，可以进行一些轻松的对话，回顾过去的一天，让孩子当主角，孩子来诉说，父母当孩子温柔的听众。

第七，让卧室处在黑暗中。父母将自己调至休息模式，不使用电子产品。当家庭中所有人都处于安静而放松的状态时，大家就会更快地入睡。

5. 运动和晒太阳　研究表明，早晨15分钟左右（因人而异）适量的短跑或快走运动，加上晒太阳，能够补充维生素D，从而帮助5-羟色胺合成，提高情绪的控制能力。

五、实训科目：六顶思考帽

当孩子受问题所困时大脑可能是混乱的。家长可以帮助孩子学会使用"六顶思考帽"这一项工具，将会帮助他们通过自我梳理，使混乱的思考变得更清晰，使人与人之间无意义的争论变成集思广益的创造，变得富有创造性，找到解决问题的出路。

"六顶思考帽"是英国学者爱德华·德·博诺博士开发的一种平行思维训练模式，即全面思考问题的模型。强调"能够成为什么",而非"本身是什么",寻求一条向前发展的路,而不是争论谁对谁错。六项假想的帽子,分别有着不同的颜色,每一项代表一种类型的思维。当你戴上其中一顶时,你就只能采用该种思维模式。①蓝帽代表管理思维,控制,组织思考,总结和结论,确定思考符合规则。②白帽代表信息,我们知道的信息、我们需要的信息、如何获得我们需要的信息,确定信息的准确性和相关性,看看其他人的观点。③红帽代表感觉、直觉、本能的反应,允许表达感觉,无须解释,表述立刻的感受,要简短,决策的一个重要部分。④黑帽代表风险、困难和问题,可疑的观点,必须给出理由,指出不符合实际、经验、法规、战略和价值的方面,指出潜在的问题。⑤黄帽代表利益可行性,乐观看法,必须给出理由,需要比黑帽更努力思考,找出好处和价值,短期和长期利益都要考虑。⑥彩虹帽代表新思路和可能性,创造性思考,寻找替代方案和可能性,去掉缺点,不必合乎逻辑,产生新概念。

每个部分应该以蓝帽作为开始和结束,可以把蓝帽想象成书的封面,由蓝帽设定焦点问题和帽子使用的顺序。结束时由蓝帽做出小结并规划下面的步骤。没有唯一正确的帽子顺序。顺序随着主题和思考者的不同而不同。

家长在带孩子练习时,可以打印或者手工纸作六项"帽子",也可以用涂上颜色的纸手环来代表帽子(图2-7)。在讨论问题时,每个人轮流发言,并对自己发言的内容进行归类,举不同颜色的帽子来代表分类。以下用一个例子来说明"六项思考帽"的用法(表2-5)。

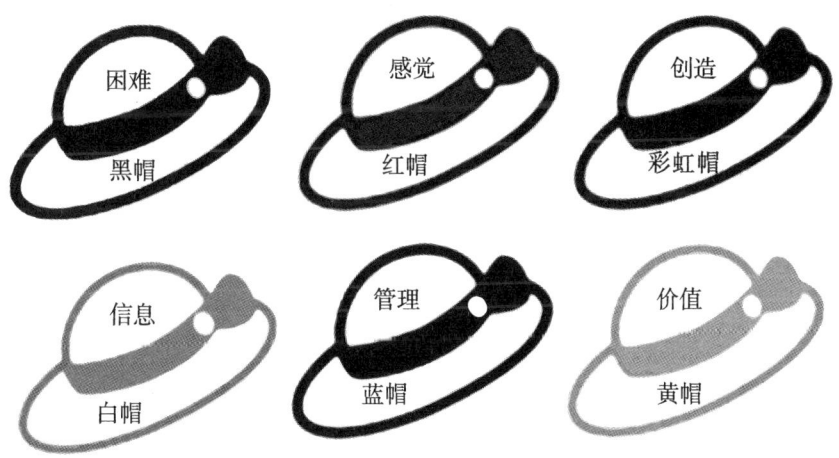

图2-7 六项思考帽

表2-5 "六顶思考帽"案例

序号	颜色	代表含义	好朋友跟我说接下来考试要抄我的答案
1	蓝帽	思考的组织	我要思考并决定是否让他抄,以及如何表达
2	白帽	信息来源与准确性	他说的是真话吗?还是想考验我们的友谊?
3	红帽	情绪和感觉	我很纠结矛盾,害怕被发现又担心失去朋友
4	黑帽	小心与谨慎	作弊影响一生的前途,损失巨大
5	黄帽	正面思考	让朋友明白不让抄才是真正为他好
6	彩虹帽	创造性思考	替代的方法可以是我帮他补习,让他真正掌握知识点
1	蓝帽	思考的组织	温柔坚定地拒绝,并且表明通过补习来帮助他
……	……	……	……

在上述例子中,当孩子因为考试时好朋友想抄自己的答案而感到苦恼时,家长不用急于给孩子建议,而是带领孩子用"六项思考帽"进行自我剖析。最后,孩子自己找到了解决的办法,即温柔坚定地拒绝好友,并且表明自己愿意花时间通过补习来帮助他真正掌握课本的知识,避免陷入知法犯法的深渊。

第七节 成年早期的家庭教育

18~25岁的孩子有两种可能,已经从学校毕业走出社会工作,或者还在大学读书继续深造。有些人认为孩子18岁成年之后,父母就不用管了,也管不动了,其实这里要具体问题具体分析。18岁的孩子在经济和思想上可能都已经独立了,但也可能没有独立,甚至有些人离不开家,情愿做"啃老族"。我们不能忘记教育孩子的目的,就是要帮助孩子学会做人,帮助他成年后坦然地面对生活,担负起自己的人生责任,不抱怨、不依赖、积极进取、不畏困难、与人为善、爱国爱党、乐于奉献、实现自己的职业价值和社会理想。

这个阶段父母的核心任务,就是帮助孩子彻底实现与原生家庭的"分离"和最终社会化。只有心理上真正"成熟"的人,才能独立自主地为自己的人生做选择,并且在处理亲密关系中自由、坦荡、负责、热情、温暖。如果已经达到了男性23岁、女性22岁的婚育年龄,成立自己的新家庭,接受新婚教育,实现心理的"断乳"尤为重要。尤其是生了孩子之后,需要父母来新家庭帮忙,三代人住在一起,婆媳关系、岳婿关系等,就更要在家庭结构中遵循"各归其位,各司其职"的边界原则,还有夫妻中心原则。否则结构乱了,系统错位了,就会问题百出。

此时父母的角色是适当退位、成为知己。有些父母无法转换角色,给上大学的孩子天天打电话,生怕孩子吃不饱、穿不暖。孩子会觉得在同学面前没有尊严,而且会怀疑自己的生存能力。成年期也就是青年后期的主要矛盾是"亲密、友谊与孤独"。成年早期的重点是"指引",寻找亲密关系以及他们寻求"精神上的指引"是必然的。在孩子成年之后,父母要适当退位,孩子做任何决定父母都无权干涉,除非看到有触犯法律的危险,必须及时制止之外,其他事情只能尊重孩子的决定。

如果在前面打下的亲子关系基础比较好,孩子即使上了大学,也会跟父母保持良好沟通,在做重要决定的时候会主动听取父母的建议。父母只能像朋友一样提供参考建议,不能有胁迫意味。孩子有困难时父母拔刀相助,孩子沮丧时父母静静陪伴,孩子高兴时父母热情分享,孩子成功时父母互相点赞,此时亲子之间沟通和相处如能跟知己一样就已非常成功。

案例分享

《如何养育成功的人》的作者埃丝特·沃西基是一名硅谷帕洛阿托高中的老师,桃李满天下。她3个女儿都是传奇性人物,其中三女儿安妮在耶鲁大学学了生物学,毕业以后,居然跟妈妈说她的理想就是当保姆。她去帕洛阿托的大街上贴广告,真的当起了保姆。

埃丝特的反应是:"忍了,不说。既然我的孩子有这样的选择,那我尊重她。做保姆也是一份很有尊严的工作,你就好好做吧。"但是她会时不时地给安妮提供一些生物学岗位招聘信息。

过了很长时间,有一天安妮突然说:"我打算去纽约参加一个面试。"就是妈妈曾经提供的招聘信息。后来这个女儿渐渐喜欢上了基因检测这件事,成了一个科技新锐,享誉世界。

可见,只要我们跟孩子之间能够有信任、有尊重,让孩子独立、学会合作,同时让他们内心充满了善意,非常开放地对待这个世界,会有抱负、有理想、有好奇心,那么这种孩子很难不成功。成年以后,父母更加不用干预孩子的发展,可以为他们提供一些资讯、一些视角,但决定权已全然在他们自己手中。

本章思考

1. 请对比思考,父母的角色在孩子不同的年龄阶段有着怎样的变化趋势?请举一些家长"拔苗助长"的案例,并提出相应的补救措施。
2. 您目前处在人生的哪个阶段?回顾您的成长历程,父母在每一个阶段对您的教育方式是如何的?对您造成了哪些积极或消极的影响?现在这些影响是否依然存在?
3. 您的家中有几个未满25岁的孩子(子女或兄弟姐妹)?目前他们在哪个阶段,对他/她的家庭教育面临的任务和挑战是什么?您有怎样的计划或建议?

第三章 顺势而教的艺术

家庭教育不仅要"适时而教",还要"顺势而教"。这个"势"有两层含义——优势和社会态势,意思是发挥不同孩子的优势"因材施教",还要顺应社会发展态势所需,发展每个孩子必备的能力和素质。

正所谓"失之东隅,收之桑榆"。每个孩子都有各自的优势与劣势,父母根据不同气质类型的孩子进行优势化养育,能够帮助孩子最终"自我实现",这是"因材施教"。第一章中提到梁启超9个孩子各有成就的例子就很有代表性。帮助孩子发展他们未来在社会上生存所依赖的能力和技能,例如德、智、体、美、劳这"五育",以及培养孩子的自主力、抗挫折能力、自我调适能力、自我保护能力、社交能力等,让孩子成为对社会有用的人,这是"顺应社会发展态势而教"。

世界上没有完美的孩子,也没有完美的家长。家长学习和了解孩子之间的差异,并从中适应和满足孩子的发展需求,能够有事半功倍的效果。

第一节 理解孩子间的不同

人与人之间一定是有差异的,从心理与行为特征来看最明显的差异是气质类型。气质是指人典型的、稳定的心理特点,包括心理活动的速度(如语言、感知及思维的速度等)、强度(如情绪体验的强弱、意志的强弱等)、稳定性(如注意力集中时间的长短等)和指向性(如内向性、外向性)。这些特征的不同组合,便构成了个人的气质类型。

2000多年前古希腊著名医生希波克拉底认为,人体中4种性质的液体的比例不同,导致了人的体质不同。罗马帝国时期著名的生物学家盖伦在此基础上创立了气质学说,他认为人可以分为多血质、胆汁质、黏液质、抑郁质4种不同类型。中国的五行学说也认为每个人身上都有金、木、水、火、土5种不同的元素,只是每个部分占比不同。德国起源的人智学,就把人的气质分为风、火、水、土4种类型。心理学博士林文采在《心理营养》一书中,把人的性格归为4类:乐天型、忧郁型、激进型、冷静型。综上所述,这些对理论正好一一对应(表3-1)。

表 3-1　3 种学说气质类型的命名及特点描述

体液说	心理营养说	人智学说	气质特点
多血质	乐天型	风相	外向活泼,思维敏捷,兴趣广泛,善于交际,富有爱心; 冲动浮躁,半途而废,情感外露,浅尝辄止,容易懊悔
黏液质	冷静型	土相	内向沉稳,慢条斯理,平易近人,思考严密,宽容自信; 行动缓慢,固执坚持,沉默寡言,情感内藏,冷漠旁观
抑郁质	忧郁型	水相	内向敏感,深思熟虑,理想主义,忠诚可靠,富有天分; 言行缓慢,优柔寡断,钻牛角尖,悲观被动,自我中心
胆汁质	激进型	火相	外向敏捷,勇敢果断,坚持到底,自律自强,追求成就; 冲动暴躁,缺乏同情,过于固执,自大自满

每个孩子天生都有以上气质中的一种或多种,其中以最突出的为主要气质,但随着后天的教育培养,孩子还会在这些气质的基础上发展出各种不同的比例,直到 18~25 岁形成较稳定的人格。家长需看到每个孩子一定有长处也有短处,帮助孩子找到适合他的发展方向。例如:风相的孩子虽然容易半途而废,读书难以出众,但是外向活泼,交际能力强,很可能成为一名优秀的演说家、主持人或者活动策划者。水相的孩子虽然优柔寡断,但是心思细腻,共情能力特别强,很可能成为一名优秀的心理咨询师、艺术家。土相的孩子虽然行动不强,但是深思熟虑、忠诚可靠,很多会成为优秀的科技工作者。火相的孩子虽然脾气暴躁,但是勇敢决断、追求成就,未来很可能成为出色的运动员、领导者或者企业家。

家长如果认识不到孩子的独特性,轻易给他们贴标签分好坏,反而会阻碍孩子的健康发展。很多水相的孩子都觉得自己性格不好,对自己内向的性格感到自卑,很大程度上,是因为小时候被贴上了"坏标签"。比如,在街上遇到熟人,家长会让孩子打招呼,但孩子一下子躲到了家长的背后,这时候如果假装开始斥责:"你这孩子太内向,见人也不知道问好,真不懂礼貌!"这样的标签会给孩子非常强的心理暗示,出现认知偏差,久而久之,认定"我就是胆小内向,不愿意和人打交道"。一个消极标签,对成人只是一瞬间的事情,却伴随孩子一生。

很多家长习惯用惩罚的方式对待火相和风相的孩子,希望能够"控制"住他们,结果适得其反,会引来很多敌对情绪,并没有真的锻炼到孩子。风相的孩子大脑后叶较活跃,思考时常使用较短神经回路,所以反应快、行动力强,但是容易冲动行事。家长可以尽量利用游戏的方式来提高风相孩子的专注力。同样一件事,如果父母说:"现在我们开始扮演雕像,或者扮演英国皇宫的卫士,看谁能演的时间最长。"用游戏和比赛的方式,孩子就没有情绪问题,也锻炼了自律能力。所以家长要做的就是从无条件的爱出发,细心观察,发现每个孩子这颗"小种子"的秘密——个性和天性,调整给予适合他生长的水土,帮助他们认识自己,接纳自己的性格,并且发现自己的优势和长处,快乐自信地做自己擅长的事情,长大后能成才。

案例分享

有一个黑人男孩叫凯莱尔。他有很强的攻击性,不理睬人或者顶撞别人。老师就问他:"为什么你整天有那么多愤怒,跟周围的人都不合作?"他说了一句话:"黑人男孩死得早。"(当地的一句俚语,因为黑人男孩经常会遇到暴力行为,很多人会遇到意外。)

老师就跟这个缺乏安全感的孩子说:"你会长命百岁的,你一定能够活得很好,你未必会走上那条道路。"然后她就开始发掘他身上的优点,发掘来发掘去,发现这个男孩是一个鞋子专家。

她跟全班同学说:"你们以后有关于鞋子的问题,都可以向他请教,他在这方面绝对是专家,很厉害的。"她甚至请男孩到讲台上,给大家分享鞋子的种类,讲怎么挑鞋子。一下子让这个孩子觉得自己受到了尊重,觉得自己还蛮厉害的。

当老师释放出了善意和关爱以后,孩子的热情才会被激发出来。作为一个原本完全不学习的、跟所有人对抗的"危险"的孩子,黑人男孩后来竟然慢慢开始学习,并且考上了不错的大学。

——摘自《硅谷超级家长课》

通过上一章有关心理学家、教育学家的理论,大家理解了孩子的纵向发展规律,即随年龄的增长而变化的特点。接下来,我们从横向来看看一个孩子身上需要哪些品质的发展,即我们教会孩子什么,他才是健康的。

第二个顺势而教,是顺社会发展态势所需,这里的内涵就丰富很多,不光是"德、智、体、美、劳",还有基于以上五育所培养的多种能力。一位资深的中学校长认为,好的教育应该是培养这样健康的人:"终身运动者、责任担当者、问题解决者、优雅生活者。"

第二节 德育:从"善"已达人,至爱家爱国爱党

立德树人,是教育之根本。把"德"当作"1",其他的素质和能力都是后面的"0",没有品德的人,无论能力多么出众也不值一提,他的生命价值都是0。每一个人都有其不可剥夺的价值与尊严。功名利禄之类的标准,绝非人之追求所在,人要做的是开拓自己生命的意义,达成完善的自我。当一个人懂得自己为人的尊严和价值,他也就会尊重他人,尊重自身所在的世界,懂得感恩,懂得爱与分享。作为中国少年儿童,首要任务就是认同并热爱中国文化,理解和平的意义,并愿意为维护世界和平而努力,共同创造人类美好的未来,努力完成"实现中华民族伟大复兴"和"人类命运共同体"的伟大愿景。

良好的品德包括爱国守法、敬业奉献、明礼诚信、团结友善、勤劳俭朴、克己奉公,见义勇为、包容开明、务实创新、和谐奋进、爱护公物、尊师重教、尊老爱幼、讲究卫生、崇尚科学等。《父母规》中对父母向孩子传承的品德倡导为"厚德者,能载物,明德者,能开悟。有德者,必有得,无求得,乃真德。恒恒德,五常德,仁义礼,智信也。明明德,三达德,智

仁勇,最为绝"。

孩子在未建立道德观念的时候,父母在家里就要帮助他们在行为上养成良好的习惯,尤其是礼貌待人、尊老爱幼、勤俭节约等,进入学校之后,学校教育孩子遵守规则、社会公德和法律,父母的教育要跟上学校的节奏,帮助孩子理解道德,做好配合。

案例分享

中国科学院院士钟南山,小时候也是个淘气的孩子。上三年级时,母亲廖月琴忽然问起给他的伙食费。母亲记得,给钟南山的伙食费应该有富余,而剩下的钱他并没有交给大人。

"我不知道。妈妈您可以去学校问老师。"钟南山撒谎了,几乎是脱口而出。妈妈觉得必须把这件事情弄明白,就真的带钟南山去学校了。钟南山的脸都吓白了,快走到学校门口的时候,他怎么也不肯进学校见老师。见实在瞒不下去了,钟南山只好向妈妈承认,多余的伙食费是自己买东西花掉了。

妈妈扔下不愿进校门的钟南山,自己单独进了校门,找老师了解情况。回到家里,母亲并没有过多责备钟南山,只对他说:"你这么做,是不诚实的。"父亲也知道了这件事。钟南山很怕父亲,等着狠狠挨骂,一向严厉的父亲却只语重深长地问:"南山,你自己想一想,像这样的事情应该怎么办?"

钟南山一宿无眠,亲身体验到谎言被戳穿后的羞耻与难堪。他知道自己错了,爸爸没有打骂和惩罚他,但父亲的话却比拿鞭子抽他还让他难受。这羞耻的记忆深深地印在他的心里,从此铭记每个人都要为自己说的话、做的事负责,谎话结出的苦果最终得自己承担。

钟南山父亲话虽不多,却句句金贵,从不隐瞒自己的观点,总是直接真实地说出自己的想法。钟南山从母亲那里学会了善良与慈悲,从父亲身上学到了严谨、勤奋、诚实、规矩和担当。

在2003年非典、2020年新冠疫情防控的紧急关头,钟南山都发挥了他实事求是的珍贵品质,在公众面前实话实说,为广大群众争取到了宝贵的救治和疫情防控时间,为国家做出了重要贡献。

品德的教育最重要的是在生活的微小处一点一滴积累起来的,父母以身作则、温柔而坚定的教育,在道德教育上至关重要,尊重孩子的人格,才能教会他尊重别人。

实训科目:63种礼仪自检表

家长可以定时对照自己的行为是否符合重要的礼仪(表3-2),再带领孩子检测他们是否也做到了。这里注意"己所不欲勿施于人",家长如果没有做到,就先端正自己的行为,自己的行为端正了之后,孩子自然也就习得了。对于小学三年级以上的孩子,可以考虑给孩子自己做检测,因为家长不知道孩子在学校的情况,需要沟通。

表 3-2　个人礼仪自检项目

项目	内容	项目	内容
一、基本的应对礼节	1. 请	五、待客礼仪	36. 在门口迎接客人
	2. 谢谢		37. 请客人吃一些东西
	3. 对不起		38. 陪着客人
	4. 我可以……吗？		39. 问客人想做什么
	5. 请借过一下		40. 与客人分享自家东西
	6. 不客气		41. 送客人到门口并道别
二、会面与问候的礼节	7. 微笑并注视对方眼睛	六、随时适用的礼仪	42. 咳嗽时遮住嘴巴
	8. 握手		43. 不说没礼貌的话
	9. 你好	七、访友礼仪	44. 问候主人的父母
	10. 自我介绍		45. 依照主人的做法
	11. 介绍其他人		46. 住宿时保持房间整洁并整理床铺
三、交谈的礼节	12. 主动与人交谈		47. 向主人及其父母表达谢意
	13. 倾听而不插嘴	八、运动礼仪	48. 遵守游戏规则
	14. 看着说话者的眼睛		49. 轮流使用器材
	15. 以亲切的语气说话		50. 不批评他人的失误
	16. 倾听时表示兴趣		51. 不和裁判争吵
	17. 说话适可而止		52. 向对手恭喜
四、餐桌的礼仪	18. 准时进餐		53. 不找借口、不抱怨
	19. 知道如何正确摆餐具		54. 和同伴合作
	20. 坐姿端正	九、对待长者的礼仪	55. 帮年长的客人穿脱外套
	21. 餐厅用餐时将餐巾放膝上		56. 让座给长者
	22. 脱掉帽子		57. 为长者开门
	23. 对食物给予正面评价		58. 协助长者上车
	24. 主动帮助主人		59. 不随意评论长者
	25. 待主人入座后再进餐	十、电话礼仪	60. 先亲切问候对方
	26. 取适量的食物		61. 请问您是哪位？
	27. 只吃自己碗盘里的食物		62. 请等一下
	28. 闭嘴嚼食，喝汤时不出声音		63. 记下要转交的留言
	29. 不霸占某道菜		
	30. 正确使用餐具		
	31. 双肘不支在桌上		
	32. 双脚不支在椅子上		
	33. 嘴里有食物不发言		
	34. 进餐后将筷子平放在碗边		
	35. 离席前先告退并谢谢主人		

第三节 智育:从求知到求"真"

健康孩子的智力发展水平会随着年龄的增长而增长。孩子出生之后,慢慢认识这个世界,对整个世界充满了兴趣,并且一直保持着这个兴趣,除非有其他因素阻碍了他们,他们才会失去学习的兴趣。低龄的孩子停留在"想知道这个世界是怎样"的水平,而9岁后的孩子更多地"想知道这一切是不是真的""世界诞生的真相是什么"等更深层次的问题。

一、智力发展的四个阶段

皮亚杰认为智力的本质是适应,心理起源于动作,动作是心理发展的源泉。他把学习能力最重要的认知发展分为四个阶段。

1. 感知运算阶段(0~2岁)　孩子智力发展的关键是用身体运作去探索和学习。

2. 前运算阶段(2~7岁)　儿童无法区别有生命和无生命的事物、自我中心主义、不能理顺整体和部分的关系,缺乏守恒。关键需要图像化的、游戏化的学习。

3. 具体运算阶段(7~12岁)　有了守恒性、脱自我中心性和可逆性,心理操作着眼于抽象概念,具有逻辑性,但思维活动需要具体内容的支持。这个阶段的孩子智力发展的关键是书写文字和运算。

4. 形式运算阶段(12岁及以后)　思维发展到抽象逻辑推理水平,能够摆脱现实的影响,关注假设的命题,富有创造性,能够进行假设——演绎推理。这个阶段孩子的智力发展关键是逻辑思辨训练。

皮亚杰的研究给了教育者们非常清晰的智力开发思路,在孩子不同的年龄阶段给予不同的学习方式进行指引和支持,不可逆势而为。

二、智能是多元的

《父母规》对于培养孩子的智力方面倡导"礼乐射,御书数,全面培,重点育。博学之,审问之,慎思之,明辨之。真学者,笃行之,知行一,是真知"。即鼓励孩子全面培养各种知识和能力,但需要根据优势来重点学习。

美国哈佛大学教育研究院的心理发展学家霍华德·加德纳从研究脑部受创伤的患者发现他们在学习能力上的差异,从而在1983年提出"多元智能理论"。传统上,学校一直只强调学生在逻辑——数学和语文(主要是读和写)两方面的发展。但这并不是人类智能的全部。不同的人会有不同的智能组合,例如:建筑师及雕塑家的空间智能比较强、运动员和芭蕾舞演员的肢体运作智能较强、公关的人际智能较强、作家的内省智能较强等。加德纳认为人的智力是多元的(图3-1)。考试成绩只能代表某个方面的智力,并不能说明一个人的智商高低。因此学校和家长在发展学生各方面智能的同时,必须留意大部分学生只会在某一、两方面的智能特别突出;而当学生未能在其他方面追上进度时,不要让学生因此而受到责罚。

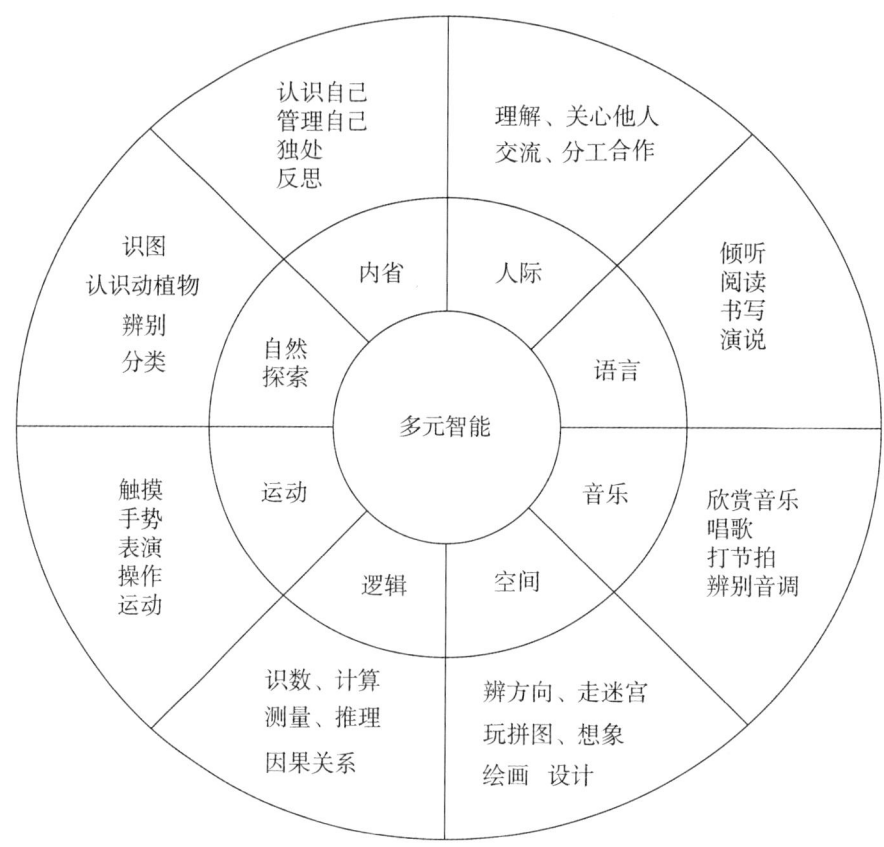

图 3-1　多元智能中的八大智能

1. 人际智能　能够有效地理解别人及其关系、与人交往能力,包括组织能力、协商能力、分析能力、团体合作能力。

2. 语言智能　主要是听、说、读、写能力,表现为个人能够顺利而高效地利用语言描述事件、表达思想并与人交流的能力。这种智能在作家、演说家、记者、编辑、节目主持人、播音员、律师等职业上有更加突出的表现。

3. 音乐智能　主要表现为个人对音乐节奏、音调、音色和旋律的敏感及通过作曲、演奏和歌唱等表达音乐的能力。这种智能在作曲家、指挥家、歌唱家、乐师、乐器制作者、音乐评论家等职业上都有出色的表现。

4. 空间智能　对线条、形状、结构、色彩和空间关系非常敏感,通过平面图形和立体造型把知觉到的表现出来。空间智能可以划分为形象的空间智能和抽象的空间智能两种能力。前者为画家的特长,后者为几何学家特长。建筑学家则对两者都擅长。

5. 逻辑智能　对可被测量、归类、分析的事物比较容易接受,靠提问、推理和实验来寻求答案,寻找事物的规律及逻辑顺序,对科学的新发展有兴趣。

6. **运动智能** 善于运用整个身体来表达想法和感觉,以及运用双手灵巧地生产或改造事物的能力。这类人很难长时间坐着不动,喜欢动手建造东西和户外活动,与人谈话时常用手势或其他肢体语言。他们学习时是透过身体感觉来思考。运动员、舞蹈家、外科医生、手艺人都有这种智能优势。

7. **自然探索智能** 能认识植物、动物和其他自然环境(如云和石头)的能力,在打猎、耕作、生物科学上的表现较为突出。

8. **内省智能** 主要是指认识到自己的能力,正确把握自己的长处和短处、情绪、意向、动机、欲望,对自己的生活有规划,能自尊、自律、会吸收他人的长处。常静思以规划自己的人生目标,爱独处,以深入自我的方式来思考。喜欢独立工作,有自我选择的空间。这种智能在优秀的政治家、哲学家、心理学家、教师等人员都有出色的表现。

每个人在不同的智能上优势不同,如果家长能够识别出孩子某些方面的突出智能,尤其在孩子上中学时,可以帮助他们在做职业生涯规划时有清晰的目标和学习发展路径。孩子学习轻松,家长成就了孩子的天赋。

三、学习金字塔原理

2021年壹心理发布的《中国家庭教育白皮书》调查结果显示,父母普遍很关注孩子的学习,期待孩子有好成绩,但却较少教孩子"学习方法"。家长应掌握好的学习方法,帮助孩子"学得轻松,学得透彻"。美国国家训练实验研究证实,不同的学习方式,学习者平均效率是完全不同的,这就是著名的"学习金字塔原理"(图3-2)。

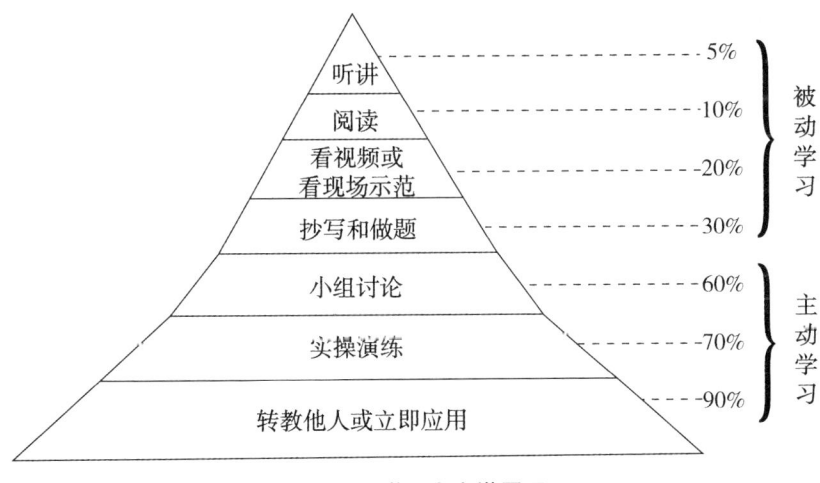

图3-2 学习金字塔原理

1. **被动学习** 只是听、读、写,这种学习比较死板,最多只能算是被动学习。只是在课堂上听老师讲课、阅读学习资料、看视频示范或者看现场示范、抄写材料或者做练习及考试,这4种方式对知识的吸收率分别是5%、10%、20%、30%。

2. **主动学习** 如果能够开动脑筋,并用自己的语言说出来,甚至做出来,这种学习是经过思考和"消化"的过程,记忆更深刻,活学活用,是主动学习。通过与他人讨论学习、身心并用地对所学的知识进行实验或实操演练、把学到的知识经过自己头脑的加工转教别人、直接把这些知识立即应用到生活和工作中,这4种方式对知识的吸收率分别是50%、70%、90%~100%,远远超过被动学习。

可见,如果家长想帮助孩子提高学习的兴趣、动力和能力,最好的方法是创造机会,让孩子把学到的知识分享给他人,例如分享给同学、兄弟姐妹或者父母等。3种主动学习的方法都是父母可以引导孩子发展的方向。杰出的科学家在智力方面表现出来的优势都不是在"死读书"的被动学习中实现的,而是在长期的实验和钻研中积累获得的。

案例分享

"杂交水稻之父"袁隆平、首位获诺贝尔生理学或医学奖的中国人屠呦呦,这两位为新中国的科技进步做出重大贡献的院士,他们在读书期间的成绩并非拔尖的。钟南山的成才之路也非常晚。

屠呦呦中学的一份成绩单上,语文平均71.25分,数学平均70分,英语平均71.5分,生物平均80.5分,化学平均67.5分。成绩平平,但生物课比较突出。她的性格比较文静,在班上衣着朴素,属于"默默无闻型"。16岁那年,刚刚经历了疟疾折磨的她又得了肺结核,不得不因此休学2年。但是从小喜欢读书,喜欢传统中医和草药的屠呦呦从未间断过学习,无论是科学、历史、文学、医学、自然的书,她都如饥似渴地读着。直到高考,屠呦呦才一鸣惊人。

袁隆平中学时也不太爱学习,他的大学成绩单:国文64分,植物学65分,普通化学60分,农场实习67分,这都是及格的成绩;地质学88分,农业概论88分,气象学84分,达到90分以上的,只有一门,英文93分。由于经历过国家最艰难的岁月,尤其是3年饥荒,多少人因此失去了宝贵的生命,这些激发了他为国家的农业奉献力量的强烈愿望,从此立志在水稻研究上深耕。

钟南山因为各种原因,毕业11年后直到35岁时才开始当医生,而且在工作之初就闹出过很多笑话,并不被看好。但他发愤图强,拼命地苦苦追学,不仅迎头赶上,而且主动承担别人不想揽的苦活、累活,最终成为一名出色的医生,并且驰名中外。

上述案例说明对学校的成绩和分数,家长不要过于在意。一个人能保持旺盛的好奇心,善于思考,具备勇于探索的精神与意志,后劲才会十足。

四、实训科目:思维导图

国际心理学家委员会委员东尼·博赞,因创建了思维导图而以"大脑先生"闻名国际。思维导图英文是the mind map,是表达发散性思维的有效图形思维工具,它简单却又很有效,同时又很高效,是一种实用性的思维工具。

思维导图充分运用左右脑的功能,利用记忆、阅读、思维的规律,协助人们在科学与艺术、逻辑与想象之间平衡发展,从而开启人类大脑的无限潜能。思维导图已经在全球范围得到广泛应用,新加坡教育部将思维导图列为小学必修科目,大量的五百强企业也在学习思维导图,中国应用思维导图已有多年时间。

思维导图可以应用在学习、生活、工作的任何领域,常见的有制订计划、记录笔记、展示、阅读书籍、构建框架、录入重点、调整方式、内容归档等。一个善于应用思维导图的家长,能够更好地带动孩子使用思维导图来学习、整理、思考和创造。建议家长们把思维导图用起来,从自己手写到用电脑软件来绘制(图3-3)。最开始可以用来与孩子一起制作时间计划表、旅游规划图等,用贴近生活的方式来培养孩子做计划、整理、归纳和总结等重要思维能力。

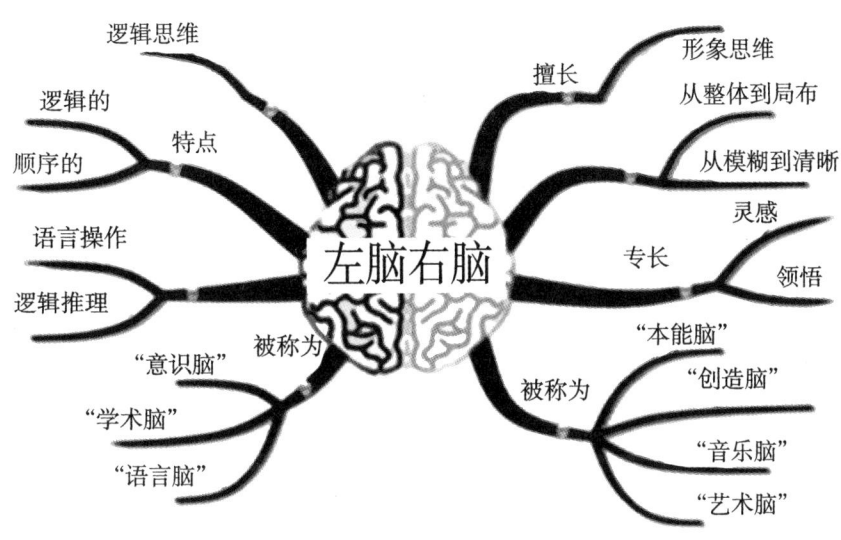

图3-3　思维导图示例

第四节　体育:强健体魄,坚韧意志

德、智、体、美、劳中的体,指的是身体、体魄。健康的孩子拥有强健的体魄,构成了学习最重要的基础。据前沿的脑神经科学研究表明,在影响学习的4个因素——知识、方法、心理基础和生理基础里面(图3-4),生理基础所占的比例最大,并且是其他因素发挥作用的必要前提。很多孩子怎么努力都学不好,极有可能他的身体本身就没有达到足以支持他学习的水平。

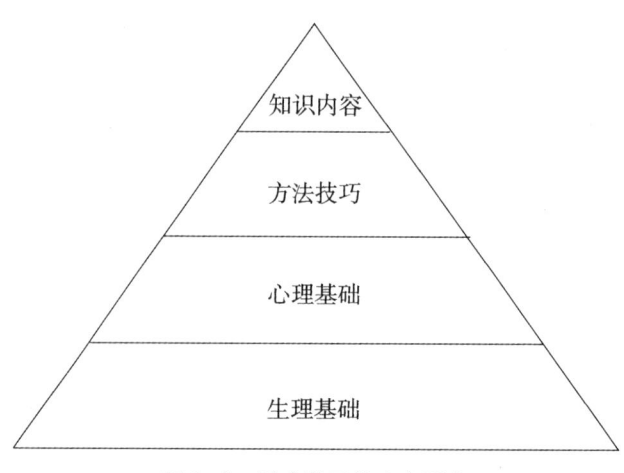

图 3-4 影响学习的 4 个因素

强健的体魄既要靠先天的身体素质,也要靠后天良好的生活习惯和运动习惯,以及面对疾病侵袭时正确的应对方式。

(一)适当"生病"是孩子"身体健康"的一个表现

生病是正常的,是孩子的生长、发育、修复,身体自然变化调适的过程,父母和孩子可以从每一次生病中学习到很多,保持安心、静心的状态很重要。《论语》中《为政篇第26章》:"为人父母者不知医,谓不慈;为人子女者不知医,谓不孝。"意思是做父母的,不懂基础的医学常识,对未成年的孩子是不慈爱;做儿女的,不懂基础的医学常识,对老年的父母是不孝顺。为人父母有必要学习并懂得一些医学生活常识,照顾并呵护好孩子,关注孩子身心灵让其健康成长。

当孩子生病时,父母可以细心观察孩子的反应,除了考虑身体因素,也要考虑孩子的心理因素和生活习惯。例如长期的饮食不当、不合理的作息、紧张、焦虑、压力过大、情绪积累等,都会导致孩子总是反复生病,或者病起来就病很久,打针吃药也好不了。除了要进行综合的物理干预和药物治疗外,父母还应倾听孩子的心声,调整作息,调节环境、生活节奏等,帮助孩子恢复健康的体魄。

所以,与其等到生病了才去治,不如从预防开始,预防的最好方法就是"养生",即名医扁鹊说的"治未病",平时非常注意情绪调节,坚持健康的生活作息,注意日常的饮食,身体的基础才能打好。这也是"7岁看老"的原因,7岁前形成好的生活习惯并保持下来,就更容易达到长寿,到老年时受益最明显。

(二)强健的体魄离不开运动

1. 运动打造孩子更强壮的身体　人体在运动时产生多巴胺、5-羟色胺和肾上腺素,提高孩子的心肺和血管功能,改善代谢,提高身体灵敏性和平衡能力,提升孩子的全方位状态,让孩子更有活力。

2. 运动提高学习力　数据显示,一次运动就能改善转移和聚焦的能力,对专注力的改善会持续至少2小时。人类大脑有2个重要部分(图3-5),主管决策、专注、注意力和人格的"前额叶皮质",以及主管记忆的"海马回"。运动得越多,制造出全新的脑细胞越多,海马回和前额叶皮质就会更大、更强壮,孩子的学习力更强。

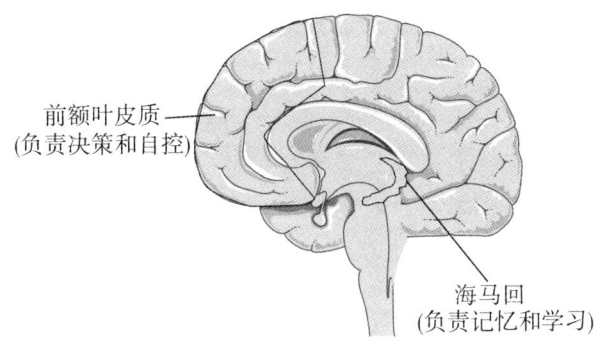

图3-5 大脑结构特点

3. 运动能快速缓解压力,让人愉悦,甚至让大脑处于最佳状态 每一次运动,都会立即增加大脑5-羟色胺能神经递质(调节情绪的神经递质)的量,在运动后马上提升孩子的心情。治疗焦虑症、抑郁症的医生,目前基本上都会建议患者除了接受医学、心理干预之外,还要配合长期运动,并且会事半功倍。

英国布隆贝格医生发现,韵律运动能够帮助孩子改善很多问题。韵律运动是根据孩子的发育规律模仿婴儿的一种有节律、有节奏、有韵律的运动,使大脑的各个区域得到适当的感官刺激和神经重塑的机会,生长出新的神经细胞分支,协助大脑不同功能区得以紧密联结和髓鞘化,并轻松整合原始反射,从根本上改善肌张力、注意力、语言能力、多动、自闭、阅读和理解力、视觉以及情绪管理能力。培养孩子从小就坚持一项或几项运动,对孩子来说将会终身受益。

第五节 美育:发现美、欣赏美、创造美

重视人文精神,是人类普遍的人文关怀。有研究发现,具有较高人文素养的人在科学研究中更有创造力。兴趣爱好是差异化培养的重要途径,学习迁移能力,一个绘画能力好的孩子,可以引导孩子把绘画方面的学习方法放到其他学科上,例如画地图、几何图形、思维导图等,用图画来构建自己的知识体系。

父母培养孩子的"爱美"之心,这个美可以是自然之美、艺术之美、人性之美。随着孩子对自己身体各个感官和肢体的熟练使用,孩子会从探索中发现美,然后花时间去欣赏美、研究美,到了一定的时机就会主动去创造属于自己的美。美的感受,很多时候来自对一个人、一个地方或一件器物的情感。当一个孩子在感受生活上花了时间,日常的细碎就变成一种美的情调。

案例分享

知名画家、诗人与作家蒋勋回忆自己的母亲：不论买什么菜，她都会用手掐掉老的地方，变成他吃过最好吃的菜。她把过年人家送的十几种毛线打成毛衣。往后每年过年，她就把旧毛衣拆了，编出另一个花样，看起来又是一件新衣。

蒋勋说儿时的那床被子，是他盖过最奢侈的被子。那是母亲亲手绣出来的，而且每个星期都会重新缝洗一次。没有洗衣机，母亲必须到河边去洗、用木棒捶打。洗完一轮后，用洗米水浆过，等到大太阳天搭在竹竿上晒。他盖被子时，总有着阳光和米浆的味道。

在这样用心生活的熏陶之下，蒋勋长大也成了美学家，在生活中感受美，在诗与画中创造美。美就像"木鱼声从黑夜空中穿过，温暖着迟睡者的心灵"。用心生活以后留下的温度就是美，美又能使我们更好地感受生活。

家长在陪伴孩子的过程中，想把很多温馨的画面留下来，于是往往会希望通过拍照来保存这些美好的记忆。很多家长喜欢在某些纪念日制作电子相册，发"朋友圈"来分享。我们更鼓励家长能够带领孩子亲手制作成长相册，这是一个美育的过程，既能锻炼孩子的手脑协调能力，又能增进亲子之间的感情，留下珍贵的回忆。

第六节 培养自主能力：自主玩耍、自主学习与自主劳动

心理学研究发现，大多数在学业和事业上有所成就的人，都拥有很强的自主能力，即内驱力使然。内驱力是指在需要的基础上产生的一种内部唤醒状态，表现为推送有机体活动以达到满足需要的内部动力。相反，当一个人总是通过物质奖励，或者为了获得与某个人的爱与关注，才愿意把一件事完成，那么我们称他做事的动机是"外部动机"。通常我们可以看到，当学习是为了获得零食、玩具、手机等物质奖励，或者是为了获得他们爸爸妈妈的关注时，久而久之孩子就会"学不动了"。因为物质的满足会让欲望膨胀，而一味追求"关系"也会让孩子陷入"关系"中，一旦"关系"有了变化，孩子学习的动力就会消退，例如孩子遇到不喜欢的老师就放弃好好学习这门课。

只有孩子对学习有内驱力，即发自内心地喜欢学习，热爱学习，体会到学习的成就感、价值感，才能持续并专注在学习中，发展出创造力、自觉性、问题解决能力、公正度和接受现实的能力。心理学家马斯洛提出了人的5个需求层次，只有满足了低层次需求的人，才能逐步向上满足更高的需求。而人的最高需求是自我实现的需求。自我实现的人通常事业比较成功。靠外部动机学习的孩子，最多只能去到低层的4个层次，而靠内驱力学习的孩子，才能走到最高的自我实现层次（图3-6）。

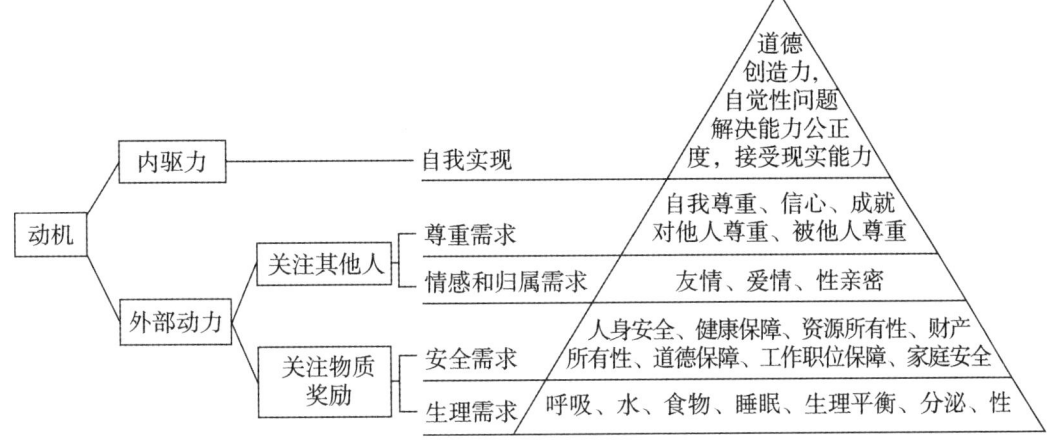

图 3-6 马斯洛的需求层次及对应的学习动机

内驱力的培养有两个重点,一是激发孩子的兴趣,二是激发孩子的责任感。孩子成长过程中兴趣和责任感激发的最佳路径就是从自主玩耍到自主学习、自主劳动。

(一)会自主玩耍的小孩更容易有兴趣自主学习,长大后往往更优秀

越高级的动物,童年期越长,玩耍的时间越多,"孩子通过玩耍征服世界"。美国佐治亚州的一项研究表明,被允许自由玩耍的孩子的创造性思维是普通孩子的 3 倍,提出的解决方案更具多样性,成年之后更容易获得事业上的成功和满足,其社会化程度也会更高,遇到新环境时更具有竞争优势。国内也是如此,每年高考成绩出来之后,通常发现那些学霸都不是只会死读书的"书呆子",相反都"很会玩"。

玩耍是一项高级的养脑方式。李大钊说:"要学就学得踏实,要玩就玩得痛快。"劳逸结合,互相补益,方能长久。当孩子学习累了,家长就可以带孩子到楼底下跑跑步、打打球,孩子下会儿棋、聊聊天,让孩子暂时远离紧绷的学习环境,稍事休息。玩耍尤其可以激发孩子的兴趣,让孩子以玩的心态去认识世界的缤纷,比死记硬背知识点要有趣得多,孩子在玩耍中还能感受到父母高质量的陪伴。

在玩耍中自动学会人际交往。孩子之间玩游戏是最常见的社交方式(图 3-7),而社交能力对于孩子的社会适应和未来生活是很重要的。

图 3-7 在户外小木屋玩耍的孩子们

案例分享

著名画家丰子恺有7个子女,个个出类拔萃。他很喜欢陪孩子玩,世人眼中很多"熊孩子行径",在他眼里却是孩子独树一帜的创造力和想象力。房子的屋顶可以要求拆来拆去,方便看飞机;床铺里可以要求生花草、飞蝴蝶,只为了游玩;光脚凳子也需要给它穿上鞋子……他不会去干涉孩子的"胡闹",不会去提醒孩子"要小心"。相反,他会弯下腰,走进孩子的世界,陪他玩,陪他疯。这不是放纵,而是寓教于乐的智慧。

——摘自《人民日报》

(二)自主劳动的孩子,有责任感去完成自主学习

哈佛大学一项长达20年的研究表明,爱做家务的孩子跟不爱做家务的孩子相比,就业率为15∶1,收入比后者高20%,而且婚姻更幸福。能够自主玩耍的孩子把学习、工作、劳动都当作"玩",乐在其中。学习和工作时遇到了难题也会觉得像玩游戏一样投入去做,不容易感到困难或退缩。"很难想象那些只会念书,连煎蛋、煮蛋都不会的孩子,会懂得怎么做实验。"诺贝尔物理学奖获得者朱棣文在演讲中说。

有些家长总是拦着孩子做家务,觉得这不是他们应该干的,又或者担心影响他们学习,家里的各种事务全不让孩子插手。但越是被娇生惯养大的孩子,越把父母的付出当作理所当然,失了那份敬畏之心,很难学会爱与责任,并且剥夺了孩子自由发展的机会。家务劳动看似都是小事,但它涉及独立自主、规划能力、责任意识……孩子总有一天要进入社会,做家务养成的良好习惯和能力,都会成为他的隐藏优势,在关键的时候发光发亮。

家长带着孩子整理、归纳、分类、选择、取舍……有时爸爸擦窗,孩子在一旁帮忙洗抹布,妈妈做蛋糕,孩子搅拌蛋液,爸爸带孩子一起擦地,妈妈和孩子一起洗碗……孩子潜移默化地学习种种生活技能的同时,还能增加亲子的互动和陪伴,一举两得(图3-8)。亲子在互相协作中感受到一起奋斗的快乐,感受到家的温情,孩子更能体会平淡生活中的幸福,拥有"活在当下"的能力。

对家庭产生了责任感的孩子,长大后更有爱国之心,报效祖国的志向"齐家正,治国能,为万世,开太平。"

图3-8 城市里的"1米菜园"——带着孩子从小种植蔬菜的妈妈们

对照以下不同年龄阶段的做家务列表,选取适合你的方式,培养孩子做家务的习惯(表3-3)。

表3-3 不同年龄阶段的做家务列表

年龄阶段	家务引导重点	建议事项
上幼儿园之前	引入负责任的概念,以游戏的方式引导孩子做简单的家务,及时肯定孩子的正向行为	1. 丢垃圾 2. 收拾玩具 3. 自己刷牙 4. 学习叠衣服、铺床 5. 学习摆桌子 6. 选择要穿的衣服
幼儿园阶段	家长邀请孩子加入更多的家务中,保持亲子互动	1. 提前准备第二天要穿的衣服 2. 饭前摆好碗筷 3. 饭后收拾餐桌 4. 自己穿衣服 5. 学习洗小内裤等 6. 收拾小书包 7. 毛巾、牙刷放整齐 8. 擦桌子 9. 帮忙洗菜
小学一二年级	父母尝试让孩子独立做家务	1. 整理衣柜,分类摆放 2. 整理书包 3. 自己整理穿戴 4. 独自准备好上学 5. 垃圾分类 6. 每周打扫一次房间 7. 饭后收拾碗筷 8. 摆桌椅
小学三年级以上	邀请孩子加入家庭计划的制订者行列,并鼓励孩子提出自己的意见	1. 准备菜单 2. 写采购清单 3. 和爸妈一起制订出行计划 4. 会煮饭和炒菜 5. 洗衣服 6. 叠衣服 7. 保持自己卧室整洁 8. 帮助家人进行大扫除

第七节　培养抗挫折能力：迎难而上与挫折中奋起

人生一定有起起伏伏，如果孩子没有抗挫折能力，就无法独立生存。父母培养孩子的抗挫折能力，可以培养孩子的毅力，帮助他们在人生的众多考验面前勇敢与奋进。但如果家长用力过猛，又可能适得其反，让孩子更容易在挫折面前止步。前面游戏力中有讲到养育的三元素——联结、向内看和轻推。轻推这一因素被普遍应用到逆商的培养中。

轻推的关键点是把孩子带到情绪临界点。临界点是一个心理位置，在这个点上，有能力面对恐惧，虽然感到害怕，但还能有所行动，至少应再往前迈一小步。轻推的5个重要原则如下。

（1）始终陪伴。每一步都与孩子一起走。

（2）速度要慢。只有父母拿出"我们拥有世界上所有时间"的耐心，轻推才能最大限度地发挥作用。感受的转变急不得，需要慢慢来。

（3）经常暂停，永不放弃。例如，第一次上游泳课的时候，15分钟都已经过去了，他们还没走到游泳池边，于是妈妈说："今天就到这里吧。"第二次上课的时候，继续帮孩子克服恐惧。这里的轻，在一定程度上指的是不要做过头。

（4）保持在情绪临界点上。如果进行得顺利，就往前走一两步；如果进行得费劲，就暂停或往后退一点。

（5）始终给予情感支持。每走一步，每次暂停，都要向孩子表达爱和关注。

（6）孩子在家长的陪伴和轻推之下，抗挫折能力会更强，越来越有自信去面对人生不同的困难和挑战。

案例分享

一个男孩答应去上游泳课，第一次游泳课时却怕得不敢进泳池。这让妈妈非常生气，她一边训儿子，一边把他拽到游泳馆，儿子不断尖叫，恐惧和紧张情绪完全失控。妈妈小时候是被爸爸扔进深水池才学会游泳的，这种感觉非常不好："我学会了游泳，但是再也没有相信过我的父亲。"她不希望儿子也对自己失去信心，她开始尝试"轻推"的方法。在第二次游泳课时，他们早早来到游泳馆，停在门口没有着急进去。妈妈开始倾听孩子的感受，然后才过去。这次她观察到，孩子还没走到游泳池边，情绪就已经到达了临界点。她对孩子说："可以慢慢地走向游泳池，想走多慢就走多慢。"并不断告诉孩子，会永远保证他的安全。他们一起走，中途停下来四五次。在这个过程中，妈妈也发现，陪孩子慢慢走能帮助她更好地观察和理解孩子，容易知道孩子什么时候到达情绪临界点。后来，他们又一起上了两次课，经历了好几次一起慢慢走向游泳池的过程，孩子感到足够安全才敢下水。从那以后，他在水里简直如鱼得水,对自己在游泳课上取得的成绩也特别自豪。这次学游泳的轻推经历也使母子关系更加亲密。

——摘自《游戏力养育》

第八节　培养自我调适能力:知、情、意协调发展

孩子对自己心理状态的认知和及时的自我调适,是心理健康的表现。父母帮助孩子学会自我调适,能够帮助孩子提升状态,保持学习和生活持续向上。第三届国际心理卫生大会,为人的心理健康提出标准:①身体、智力、情绪十分协调;②适应环境,人际关系良好;③有幸福感;④在生活、工作中,能充分发挥自己的能力,有效率感。

温尼科特认为:"心理健康的标志是既能爱又能恨。"意思是一个人有七情六欲是正常的,对社会的不同现象有不同的情绪反应也是正常的。健康的孩子在认知、情绪和意志(简称"知""情""意")3个心理维度是协调发展的。通俗地说,他的情绪与认知是对应的,不是扭曲或压抑的,他同时是有意志去面对这些认知和情绪,以做出综合的判断和处理,使自己的行为符合社会道德、公德的发展,同时自己内在是一致的、坦然的。如果一个人表面是十分完美,其内有可能是"分裂"的,例如北京大学高才生"吴谢宇弑母案"。

即使是身体有残疾的人,一旦他们的知、情、意3个维度的功能是完整具备的,并且符合以上心理健康的标准,他们也一样属于是"健康"的人。很多四肢残缺的人,会发展出用嘴巴来"代偿"手脚的功能,其意志是非凡的,他们积极生活,努力为社会创造价值,同样值得尊敬!

在以下案例中,可以看到自我调适和心理健康对一个孩子发展的重要性。

父母轻视孩子的心理健康,反而破坏了孩子成长的机会,让孩子更难融入集体,对学习也并无帮助。

案例分享

C同学和D同学。C是妥妥的学霸,她有一对超级卷的父母。初一才刚开学,C已经把初一的课程都学完了。初中后的第一次摸底考试,C全校第一,超出第二名30多分。

C爸妈与老师互动最多,每天都会跟向班主任询问C在校的学习状态,具体到下课时有没有背单词,上厕所用了多长时间。C妈妈曾3次来学校找班主任给C换同桌。嫌弃这个同桌喜欢抖腿影响C听课,嫌弃那个同桌爱讲话笑起来太大声,嫌弃第三个同桌男孩每次上完体育课身上的汗味熏得她头痛。最后,班主任只能把C调到了单独一座。

D爸妈就佛系多了,一般很少给班主任打电话。有限的沟通里,他们几乎从不问学习,只问孩子跟同学相处得怎么样了。D是班里生物课代表。因为生物不是主

科,所以,很多孩子在生物课上做别的主科作业、打盹、闲聊且屡教不改。有一次,生物老师气得中途走人了。D在这个时刻挺身而出,去找了生物老师道歉,而后拿出一本书写十分工整的生物笔记说:"老师,这是某同学的笔记,他就是因为上了您的课,爱上了生物,而且他说以后要当个生物学家。而且,我统计了,每次班里至少有一半同学是听课的,您不能因为那些不听课的同学,辜负这些对生物真正感兴趣的同学呀,您说是不是?"生物老师深受感动,从此变换了说教模式:"你们可以做别科的作业,也可以睡觉,但至少给我一点面子,打鼾别太大声。"学生们非常认可真正理解和尊重他们的老师,他们反而认真听起课来。

初中三年,C一直是班级的荣耀,成绩很好且自律。但那种自律是被父母训练出来的,对时间的刻板遵守,哪怕是上卫生间,都是掐着时间的,像一台被设定好程序的机器。而D成绩一直在稳步提升。她思维活跃,作文总能给老师许多惊喜。物理实验课上,她总能提出各种各样的假设,追着老师去求解。在同学中她也很有亲和力、凝聚力,是班里真正的意见领袖。

2015年中考,C如愿考入全市最好的重点高中。D也发挥很好,考进另一所小重点。但她们真正的分水岭在高考。高考时,D成了学校的黑马,考进了上海交通大学。C最终考进一所211大学,这让她爸妈北京大学志在必得的愿望彻底落空。

C真正的考验也发生在大学时代。大学时,因为不适应集体生活,父母给她在校外租了房,目标是将来考北京大学的研究生。C妈妈甚至为此提前内退,专门陪读,照顾她的生活。可是,疫情防控期间,学校封校,要求学生必须在寝室隔离上网课。这对普通孩子来说并不是多大的问题。可是,C却崩溃了,那居然是她第一次过集体生活。她受不了一个房间里睡四个人,受不了室友发出的各种声音、别人还开着台灯……最终,C因为患上抑郁症不得不办理了休学。

听到这个消息,老师心里要多难过有多难过。C的人生才刚刚开始,未来,她该如何跟同事、爱人以及与这个世界连接?

——摘自刘小念整理《口述|我是李老师》

第九节 提高自我保护能力:身体边界、性教育

培养孩子的自我保护能力,是安全教育最重要的内容。首先是身体边界意识的建立,这往往是通过父母的性教育来完成的。性教育不是单纯对性行为的教育,而是指探讨"性"的认知、情感、身体和社会层面意义的教学过程。大量证据表明,性教育能够使儿童和年轻人获得准确且适龄的知识、态度和技能,建立积极的价值观,是有着广阔的知识范围教育,也是一门艺术。《魔法岁月》一书中说:"性教育的目的是,教孩子实现自己的性别角色,让他为自己身为男孩或女孩感到恰当的满意;与父母的情感联结必须足够亲密、有力,以确保孩子将来有可能拥有自己的爱情生活,但这种情感联结也不能过于强烈

以至于吞噬一切,以免妨碍孩子成年后的爱情和婚姻。"

(一)性教育首先是生命意义的教育,过滤掉不良信息流

有很多人对自己的出生,充满着沮丧与不解,因为他们的妈妈可能是这样说的:垃圾场捡来的、充话费送的……殊不知,这样的说法,可能会让孩子的内心种下"我是没有价值的,我并不值得爱的"的负性核心观念。2016年《中国性教育现状报告》显示,我国青少年获取性知识的主要渠道是色情光盘、网络图文和影视作品。父母不能正面回应孩子的问题,反而把孩子推向迷茫,容易误入歧途。作为家长,一定要注意对网络信息和书籍影视剧的筛选,剔除网络时代中不适合孩子年龄的信息流,检索符合孩子意识发展的信息流。真正的性教育不光是教孩子安全,教孩子认识自己,还要引导孩子认识生命的本源,关联到我们如何看待自己,以及生命背后的各个关系,跳出表面/浅层现象看本质。

刻意地跟孩子讲生殖器,对孩子来说并不一定合适。相信孩子,到了一定的时期,他才会对身体的某些变化感兴趣,当他提出疑问的时候,我们用适合他这个年龄的语言跟他沟通,会有事半功倍的效果。例如,当幼儿问到自己是从哪里来的,家长可以跟孩子一边讲绘本故事《小威向前冲》,一边带孩子进行泥塑创作(图3-9),以轻松形象的方式,一边探讨生命的起源——精子与卵子的相遇是怎样的。

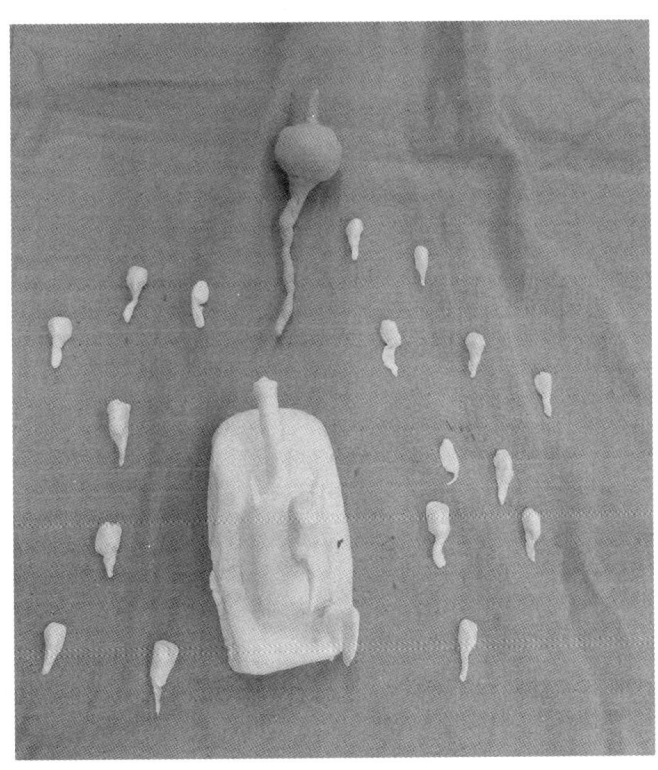

图3-9 学员听故事《小威向前冲》后创作的作品

(二)保护孩子世界的好奇,尤其是对植物与动物生长的兴趣

孩子对世界万物都是好奇的。如果孩子从小能够观察植物和动物的生长过程,从种子发芽,到根茎叶花果的不断变化和循环,还有动物怀孕、生产、哺育到长大的过程,就能够更好地理解自己的身体也在慢慢长大和变化,到了青春期,对于身体变化的惊讶与陌生带来的困惑,就比较容易理解。从儿童视角理解儿童,探索生命的起源与本质,澄清各个年龄发展面临的关于"性"观点。

(三)界限的保护和遵守

从孩子有自我意识开始,父母就应与孩子平等对话,尊重孩子的身体隐私,与孩子保持身体界限,尤其是异性父母。例如5岁大的女孩,要让孩子清楚自己的隐私部位是不能给异性看,也不能随便摸的。不要让爸爸给她洗澡,也不要在爸爸面前换衣服。在孩子6岁前,父母应培养起孩子自己睡的习惯。不能分床睡的孩子,在未来会留下很大的隐患,例如不懂得尊重异性的身体,严重的会有乱伦现象的发生。

案例分享

一个小学四年级的男孩被班里女同学投诉,同学反映他总是对女生动手动脚,有"侵犯"的嫌疑。妈妈来到咨询室求助,咨询师经养育史资料收集发现,男孩与妈妈关系过于亲密,从出生至现在10岁仍然跟妈妈同睡一张床。母子之间的边界不清,导致了孩子缺乏对他人尤其是异性的敬畏。母亲从此决心与孩子分床睡,培养孩子的界限感,孩子慢慢懂得了尊重别人,被投诉的次数减少直至为零。

(四)以同性父母的教育为主

在家庭中,爸爸主要负责儿子的性教育问题,妈妈主要负责女儿的性教育问题,合理分工。爸爸容易成为儿子的榜样,父子之间的游戏可以激烈一些,带点冒险色彩。让男孩从小学会遇事承担后果,长大了自然就会有责任心,成为一个敢做敢当的男子汉。

俗话说"女儿是妈妈的贴心小棉袄",妈妈的温柔、健康、爱心,让女儿在温言软语中成长,尤其是在青春期妈妈可以成为女儿的"闺蜜",有任何情感方面的困惑都愿意跟妈妈诉说。妈妈的任务还有让女儿见多识广、独立、有主见、明智,能够坚守自己的信仰,不能因为"不好意思"而答应别人不合理的要求。

(五)从小在生活细节处培养"延迟满足"

危险的性行为,通常是因为孩子缺乏性教育知识,也没有形成"延迟满足"的习惯,从而容易失去自控力。特别是讨好型人格的孩子,面对异性提出的性请求,即使内心是害怕的,拒绝的,也容易因为缺乏意志和勇气而不得不顺从。

因此,从小在生活的小事中不断培养孩子的思想和行为习惯,形成安全型依恋模式(见第二章0~3岁婴幼儿阶段养育相关内容),教育孩子懂得拒绝并对他人明确地说"不",懂得不需要通过无底线的讨好来获得他人的关注和爱,懂得通过延迟满足可以获得更宝贵的成果,这些都是家长需要做的功课。

让孩子懂得爱的不同层次,懂得想要最好的爱是在成年且独立之后,是双方都有能力负起责任之后,他们才能做到不冲动、不妄为。

第十节 发展社交能力:游戏与合作

孩子社交能力的发展是社会化发展的重要因素。如何学会与他人合作?如何处理冲突?小时候与兄弟姐妹、同龄人、其他小朋友的游戏就是最重要的练习场。游戏不同于玩耍,玩耍通常是自发的,没有固定规则的玩,而游戏更多的是人与人之间有一定规则的玩。美国心理学家帕登按照儿童游戏的社会性参与程度,将游戏分为6个阶段:空闲行为、旁观者、单独游戏、平行游戏、联合游戏及合作游戏。根据这6个阶段,我们又可以将孩子的社交发展大致分为4个阶段。

1. 第一阶段:独自游戏阶段 0~2岁的孩子,空闲行为和旁观者行为较多。孩子会花很长时间一个人玩,也就是我们说的"玩耍",更愿意和家人待在一起,即使带他们去小朋友多的地方,也不会展现出对其他孩子的兴趣,这是正常现象。父母在这个阶段不用急于让孩子去社交,也不要强迫孩子去分享,而是要放轻松,给孩子独自玩耍和探索的空间,不要去打扰他们。

2. 第二阶段:平行游戏阶段 孩子2岁以后,就进入了平行游戏阶段。在这个阶段,孩子会乐意和他差不多大的孩子待在一起,但是他们的互动和交流仍然比较少,各玩各的玩具。这是孩子社交的启蒙阶段,孩子能够意识到身边有同伴,偶尔也会去观察他们,所以父母在这个阶段可以让孩子多接触同龄人,虽然孩子不会马上就开始社交,但已经进入准备阶段。如果孩子之间出现矛盾和争执,父母不要批评和指责孩子,而是用正确的方式引导他们,教会孩子基本的社交规则。

3. 第三阶段:联合游戏阶段 孩子在3岁以后基本上就进入联合游戏阶段,他们会找同伴一起玩同一个游戏,互相模仿做同一件事。比如过家家,一个人煮饭,其他孩子也会跟着煮饭、煮菜,他们之间会有简单的交流,但是不会有共同的目标。这个阶段的孩子已经适应了周围有同伴的生活,他们也需要去拓展自己的社交圈,因此通常3岁以后孩子就会进入幼儿园。除了幼儿园,父母可以有意识地为孩子创造社交圈,让他接触同龄人,让他自己和同龄人玩更长时间。

4. 第四阶段:合作游戏阶段 孩子四五岁的时候,就大概能进入合作游戏阶段。这个阶段的孩子已经懂得了游戏的规则性,和同伴在一起玩耍的时候会遵守一定的规则,并且会进行分工、合作。比如合作完成搭一个积木城堡。他们通常有了"好朋友"的概念,他们不再像小班时那样黏着爸爸妈妈不愿意去幼儿园,而是开始期盼着去幼儿园,和好朋友玩耍。家里有兄弟姐妹的孩子,也会把同胞当作"好朋友"。父母在这个阶段就要开始慢慢放手,让孩子自己去解决很多问题,甚至他们可以自行解决冲突,学会如何与他人和解。当孩子之间发生冲突的时候,就陷入了"权力斗争",他们寻求成人的帮助,是为了证明自己是"对"的,也可能是为了引起父母的注意。当父母放下评判,在这场权力斗争当中抽离出来,冲突没有输赢,孩子就觉得"不好玩了",自然就把注意力转向其他地方。

总的来说,在孩子3岁以前,都是非社会性游戏居多,他们更喜欢独自玩耍或者和其他孩子在一起各玩各的,父母不需要过多担心。3岁以后开始更多的社会性游戏,如果孩子在3岁以后,仍然对其他小朋友不感兴趣,那么就需要引起注意了。

在青春期,孩子对同伴关系是最看重的,虽然不像小时候那样玩游戏,但他们社会交往的内容有更深的精神内涵(详见第二章第六节青春期孩子的家庭教育相关内容)。家长除了创造条件让孩子与同龄人交往、与成年人交往,还可以在故事中启发孩子人际交往的核心价值观,即使是上了大学的孩子,也能在故事中获益。

案例分享

一个4岁的孩子表现得非常不合群,不愿意分享自己的玩具,还会抢其他小朋友手上的东西,这让妈妈感觉到非常头痛。后来,妈妈通过给她讲绘本故事《苹果蛋糕》,孩子慢慢能理解与人分享的乐趣,也逐渐愿意与小朋友分享美食与玩具,并且不再随便抢别人的东西了。

《苹果蛋糕》讲述的是一位老奶奶想做苹果蛋糕但没有苹果,于是带上家里的李子去找人交换苹果。她遇到一个年轻的女子,年轻女子很想要李子用来给丈夫做李子酱,但家里没有苹果,于是用家里的羽毛跟老奶奶交换。老奶奶高兴地交换了,并继续去寻找可以换苹果的地方。接着遇到了争吵的夫妇,老奶奶把羽毛送给他们帮助平复争吵,夫妇高兴地摘了花园里鲜艳的花朵给老奶奶。随后,老奶奶又遇到了没有礼物送心上人的年轻男子,于是慷慨让出她手上的鲜花,年轻男子感激不尽,把一条金项链回报给老奶奶。老奶奶在路上遇到饥寒交迫的母子三人,毫不犹豫地送出了金项链,母子无以为报,把家中的小狗送给老奶奶。老奶奶带着小狗走到了一户有苹果树的人家,看到一个孤单的老人,小狗向老人飞奔而去,有了小狗作伴的老人欣喜若狂,送给了老奶奶大大的苹果。就这样,老奶奶实现了自己做苹果蛋糕的愿望。

第十一节　培养财富管理能力:取之有道的零花钱管理

帮助孩子建立正确积极的金钱观和财富管理能力,是家庭教育中的重要功课。在咨询室,我们会看到有一些孩子,学习成绩很好,家境也很不错,但是却被老师和同学发现偷钱、偷东西。还有10年前为了买苹果手机不惜卖掉自己一只肾的小伙子,为了讨好自己的女朋友而借高利贷最后不堪重负而结束掉自己年轻生命的男生……一个家庭对钱的观念,会深深地影响孩子对物质、精神与人生价值的理解。我们的孩子只有学会正确面对金钱与获取金钱,才能不再因钱丢掉品德、尊严、健康与人生方向。

《父母规》中的财富观倡导"俭养廉,奢养贪,生活中,要节俭。量出入,不为难,无明财,莫要沾。穷善已,达济他,富无骄,贫无谄。真财富,寿康宁,富贵德,善终善"。《富爸爸穷爸爸》中指出:"如果你不能及时教孩子金钱的知识,那么将来就会有其他人来取代你。比如债主、警方甚至是骗子。"父母是孩子财商启蒙教育最重要的启蒙老师。我们对待金钱的态度,终将会对孩子造成巨大的影响。因此,努力工作、勤俭节约、不铺张浪费、理性消费、尊重自己和他人的劳动成果……这些好品质需要从大人自己做起。

首先,父母要防止孩子"物质化"。要让孩子知道生命是最重要的,如果用生命和健康来换取金钱是万万不能。很多父母喜欢用物质的方式来激励孩子的学习,觉得方便快捷,这样的结果就是孩子就变得非常物质化,无论父母想让孩子做什么,孩子都拿钱来跟父母谈判,慢慢就会失去自主意识。其次,父母在钱上不能过于苛刻。小学生可以开始给零花钱了,让孩子对自己的生活有一定的决定权。当一个小学生手头总是没有钱,看到身边的同学能用钱来做很多事情,心里自然就会有自卑感和不配得感。不需要给很多零花钱,但至少是要有的,例如每周给孩子几块钱,能给孩子有安全感和自信,并锻炼了生活独立性。最重要的是有意识地引导孩子去思考这些钱是怎么来的,可以怎么花,有什么办法可以创造更多的财富,树立"劳动创造价值"的观念。家长跟孩子一起阅读优质儿童财商类的书籍,更深刻地理解财富与为人之道。带领孩子在生活中去认识钱,比如一起去一趟集市,看人们如何通过劳动来取得收入的。还可以带孩子参加二手市集,把家里不需要的东西拿出来摆卖或者做物品交换,孩子能体验到买卖过程中人与人如何交往。

家长平时可以引导孩子对零花钱进行三类规划:日常消费、存款、送礼物或公益。①日常消费:主要是让孩子知道,他可以为照顾好自己买一些东西。②存款:主要是让孩子养成勤俭节约的习惯,学会一些基本的金融理财知识。③送礼物和公益:主要是让孩子懂得体恤他人,回馈社会,帮助有需要的人。

案例分享

埃丝特的3个女儿在小时候就想到了一个办法,她们把邻居家的一棵柠檬树承包了下来,一起照顾这棵树,并在每年柠檬果成熟的时候摘下来,挨家挨户去销售。销售得来的钱,除了交"租金"之外,剩下的就成了她们的零花钱。长大之后,在埃丝特的用心教导下,3个女孩都事业有成,大女儿是谷歌的第16个员工,被称作"谷歌之母"。二女儿是医生,从事人类学和艾滋病研究,救助了众多非洲人。三女儿创立了一家基因检测的公司,在2019年位列"全球科技领导者"第10位。

案例分享

2006年,一个叫作凯瑟琳的5岁小女孩,看到了一个关于非洲的纪录片,其中揭示每年疟疾会造成80多万个非洲孩子死亡。她对非洲孩子产生了强烈的同情,于是她就跟妈妈说:"我们一定要做点什么!"妈妈非常重视这件事情,就上网查资料,告诉凯瑟琳:"非洲蚊子太多,会传染疾病。现在有一种泡过杀虫剂的蚊帐,可以保护孩子们不受蚊子叮咬,但是他们买不起这种蚊帐。"

于是凯瑟琳把零花钱省下来,妈妈带着她去超市花了 10 美金,挑选了一顶最大的蚊帐,寄给了一个叫作"只要蚊帐"的专门为非洲孩子筹集蚊帐的公益组织。后来凯瑟琳决定发起范围更广的募捐,她想了各种各样的办法:每个周末在跳蚤市场的摊位上卖东西,并呼吁大家捐钱,在爸爸妈妈的支持下亲手设计了证书,送给捐款的人、演舞台剧募捐等。从邻居到媒体,越来越多的人被感动,纷纷捐款,比尔·盖茨基金会也宣布捐赠 300 万美元给"只要蚊帐"组织。凯瑟琳一直还在坚持着捐献蚊帐的事,为消灭疟疾的公益事业贡献了数以万计的蚊帐。她的梦想,拯救了许许多多的非洲孩子。

父母帮助孩子实现梦想的过程中,不仅传播了爱心,锻炼了手工创作能力、演讲能力、舞台剧编排能力、写作能力,更是开发了她的想象力、在困难中不断尝试的勇气、坚持兴趣的热情和坚持精神,这比只是给她钱的意义要大得多。无论家庭的经济状况如何,家长都可以帮助孩子通过零花钱管理的引导来树立正向的价值观,并且让她们懂得未来如何让自己的人生过得更加精彩,更加有意义。

实训科目:正念专注力训练法

无论发展哪一种能力,"专注"都是必备的前提条件。越来越多的专注力训练法推出,让家长应接不暇。但无论多么高级的专注力训练师,都没有孩子的父母学会专注这件事对孩子的帮助大。艾琳·斯奈儿在《正念养育——提升孩子专注力和情绪控制力的训练法》一书中介绍了 5 岁以上幼儿至成人都适用的正念练习方法,这在荷兰众多幼儿园、中小学生和家长中得以实践推广,并收到积极的反响。书中还有二维码供读者扫描并下载相关音频练习,方便在家中带孩子练习。在作者艾琳工作的几所小学里,孩子们每天都做这个练习,变得越来越好。当孩子感到注意力难以集中时,当他们感到悲伤或发生争吵时,或者在考试之前他们都会练习。一段时间后,他们能更好地完成他们的学习任务,变得更加友善。他们喜欢在一段时间里不做任何事,仅仅就是坐着和呼吸,这让他们平静下来,感到完全放松。

"正念"是指对当下的觉察,以一种开放和友好的意愿去了解自己身体里和你周围正在发生着什么。这意味着生活在当下(这与思考当下是不一样的),不带有评判或忽略任何东西,也不被日常生活中的压力带走。

正念是感受阳光照射在你的皮肤上,感受咸咸的泪水顺着你的脸颊滚落,当喜悦和痛苦发生时,体验它们而不必对此做些什么,也不必对此产生什么直接的反应或看法。起床时,购物时,看到孩子甜美的笑容时,发生每一个大的或小的矛盾时,你处于当下,清醒友好地觉察此时此地。你的心不在其他任何地方,就在这里。这种正念友善的存在方式,改变着你的行为以及你对自己和孩子的态度,你会节省能量。

以下节选其中《像青蛙一样静坐》来让大家体验一下正念冥想。对儿童而言,做"像青蛙一样静坐"这个练习可以有效地帮助他们将注意力转向自己的呼吸,适合 12 岁以下的孩子,他们觉得练习容易理解,也很乐意去做。家长可以这样给孩子介绍:"青蛙是一种神奇的生物。它有很棒的跳跃能力,但它也可以非常非常安静地坐着。虽然它能意识到周围发生的一切,但往往不会马上做出反应。青蛙静静地坐着,呼吸,节省它的能量,而不是被头脑中不断闪现的各种想法带走。青蛙随着它的呼吸静静地坐着,非常安静。青蛙的肚子鼓起、落下、鼓起、再落下。青蛙能做到,你也能做到。你只需要全神贯注。注意呼吸,关注,平和,安静。"

通过做"青蛙练习"这样的正念冥想,孩子们将学会:①提高专注力和记忆力。研究表明,基于正念的疗法会增加大脑中与学习有关的记忆、调节情绪、观点采掘相关的部分中灰质的浓度。②减轻压力,较少冲动。正念减少了大脑杏仁核的大小。杏仁核是与"战斗或逃跑"反应相关的大脑部分。正念帮助人们缓解焦虑,对压力能更加冷静有效地做出反应。③对自己内心世界某种程度的控制,而不是拒绝或压抑一切。④缓解焦虑和抑郁。帮助我们放松和镇定神经系统(反过来又可以帮助我们获得更好的睡眠)。⑤提高人际关系质量。当孩子变得比较镇静,减少偏见,更客观,从容不迫且更容易倾听他人,他们更有可能与同学、朋友和家人享受积极的关系。⑥改善我们的身体健康。练习正念时,人体释放的压力激素(例如肾上腺素和皮质醇)较少,身体则以更加自然、放松和平静的状态生活。

随着练习的深入,人们可以在生活中时时处处进行"正念冥想",随时关注自己的呼吸:吃饭时、看书时、走路时、起床时、睡觉时、感到紧张或悲伤时……例如孩子感到完全放松、快乐或满足时,可以问他们的呼吸是深还是浅,有规律还是没有规律,在和别人聊天的时候是否注意到了呼吸,他们的呼吸告诉了他们什么。

本章思考

1.在德、智、体、美、劳及本章介绍的其他各种关键能力发展中,您的优势和弱势分别有哪些?有哪些先天和后天的因素导致了这些差异?

2.您和孩子分别是什么气质类型的人?您认为自己与孩子的天赋与使命分别是什么?您打算如何支持自己与孩子发展各种素质和能力?

3.在正念冥想练习中,您是否能够觉察到自己的意识流动?当"走神"时,能否成功地把意识拉回来,聚焦在当下的事情中?您是否能够做到在生活中时常保持"觉察"?

第四章 亲子沟通的艺术

《父母规》中倡导的沟通是"子女呼,及时应,子女声,要倾听。子女问,耐心答,呼子女,音声恰"。家长们与孩子相处的时间里,做得最多的事情就是"沟通"。沟通是为了彼此听见对方的声音,并且表达自己的感受、需求和想法,从而化解矛盾、维持和谐。亲子沟通的最大障碍就在于"大脑盖子打开",即原始大脑和情绪脑在工作时,理智大脑基本处于不工作的状态,双方因为过激的情绪而无法倾听和表达。因此,在倾听与表达之前,最重要的是对当下情绪的觉察和处理,这是第一道门,打开了才能正常地沟通,不至于被情绪吞没。

处理完情绪之后,接下来就是积极倾听孩子,这不仅是对孩子的尊重,也是建立双方联结关系的契机。当孩子感受到家长尊重和理解自己的时候,就愿意表达自己内心真实的想法,让家长清楚双方的需求和目标在哪里。再往下一个阶段,家长就可以用正念的语言来影响孩子,通过非暴力沟通、高质量的赞美和焦点式提问等开启孩子的智慧。

有时候仅仅是语言的沟通是不够的,尤其是家里遇到特别棘手的问题(例如沉迷网络、厌学、拒绝上学)时,家长还需要有与孩子共渡难关的决心和相处艺术。经历了生活中的种种磨炼后,家长往往会发现,解决问题的根本在于家长本人的自我成长。通过学习和探索实现心理成长后的家长,往往自省能力较强,不再把在原生家庭中的不良沟通模式传到自己的下一代去,而是形成积极转念的习惯,各种问题迎刃而解。

第一节 情绪处理的艺术

正念是觉察情绪的重要方法。当家长带着正念跟孩子沟通时,能够觉察到自己内在的情绪,觉知到对自己的目标,亲子之间的沟通就会越来越顺畅。

一、接纳自己的情绪

很多家长觉得自己发脾气,大吼大叫是不对的,但就是没有办法"控制"自己的情绪。其实情绪不是靠"控制"的。情绪并没有好坏之分。积极的情绪帮助我们有更好地工作和人际交往,但消极的情绪同样有存在价值——帮助我们看到内心未被满足的需求。当我们接纳情绪时,就能更好地与情绪共处。

二、情绪的积极暂停

当一个人还未到达接纳自己的情绪时,可以先练习如何暂停消极情绪。

1. 在家中为自己布置一个"情绪的积极暂停角" 当家长感知到自己现在是有情绪的,就可以去情绪暂停角冷静一下。在家里,有的妈妈会把暂停角放在自己的卧室、书房;爸爸会放在厕所、厨房,因为他要抽烟;孩子可能会放在桌子底下。每个人都有让自己感受好起来的一个场景,选择适合自己的。

2. 情绪识别 觉察到"我现在很生气""我现在很沮丧""我现在很愤怒"。

3. 情绪的归因 例如,孩子不好好写作业,搞得我特别生气。这时候孩子的行为只是家长情绪的"诱发事件",但是产生情绪的人是家长本人,所以父母应跟孩子说"我现在感觉很生气,但这是我自己的问题"。这样就不会把孩子作为情绪的"背锅侠",不会让孩子感觉特别有压力和负罪感。

4. 情绪的处理 我现在需要去我的情绪暂停角,让我自己感受好起来。

5. 安全感的确认 家长要告诉孩子"当我感受好起来之后,我会再回来跟你一起解决问题"。一定不能说"我再也不管你了,你自己看着办",因为这对孩子来讲,他会有一种内在的被遗弃感。

情绪的积极暂停,其实是为了让自己的理智大脑恢复工作,然后跟孩子解决问题。久而久之,家长会发现,孩子在处理与他人的冲突时,也学会了这一招。

三、允许"灾后重建"

当家长在学习情绪调节的初期,很多时候还是不能及时暂停情绪,而是忍不住向孩子发了脾气时,如果事后仍然过度自责,对事情并没有帮助,并且感觉"内伤得不行"。其实发泄出来之后让孩子看到,哦,爸爸妈妈也是有情绪的,也未必对孩子有很大伤害。如果父母懂得"灾后重建",那么孩子反而是接纳的。

事后家长可以说"我当时为什么这样了,我的感受是怎么样,我希望怎么样"。用"我"来开头,对方的情绪就好很多。当父母向孩子发送一条完整的"我信息"时,就是在向孩子敞开自己的心扉,把自己透明地展示出来,是在告诉孩子,我也是一个人,也会有伤心、难过、害怕、失望的时候。当父母人坦诚地向孩子敞开心扉,将自己的脆弱暴露时,没有威胁性和攻击性,孩子往往愿意心甘情愿地满足父母的需要。

四、实训科目:情绪释放技术

情绪释放技术(emotional freedom technique,EFT)是美国心理工作者盖瑞·奎格牧师,根据罗杰·卡拉汉博士的思维场疗法,结合了东方经络医学、神经语言学、能量医学和心理学所创立。他们发现负面的情绪能量(恐惧、愤怒、悲伤、焦虑、抑郁、忧虑、内疚等)会堵塞在身体的能量系统中,久而久之会影响我们的身心健康。EFT通过一边轻轻敲打几个与情绪相关的穴位点,一边简略陈述困扰自己的心理问题,在身心合一的情景下,慢慢释放掉积压的负面情绪,获得身心的祥和与平静(图4-1)。

1. 眉头：两侧眉毛开头的位置
2. 眼侧：眼睛两侧鱼尾纹末端
3. 眼下：眼睛瞳孔正下方
4. 人中：鼻下至上唇中间
5. 下颌：下唇到下巴间最凹陷处
6. 锁骨：锁骨和第一根肋骨交接处的骨缝间
7. 腋下：腋窝下方约四指处（女性约为胸衣带扣高度）起点及终点
8. 手刀点：手刀侧小指根部到手腕间
9. 头顶中央

图 4-1 情绪释放疗法敲击穴位点示范

临床表明，EFT 的治疗步骤简单易学，特别适合生活节奏快的现代人，通过自助来释放负面情绪、减轻压力，获得正向的人生动力。EFT 是依照一定的顺序，用手指轻轻敲击身体几个特定的穴位，基本上和针灸或指压的动作原理是相同的。家长觉察到自己有负面情绪时，可以选择到"情绪暂停角"来操作 EFT，必要时可以在专业心理咨询师的指导下进行。熟练之后还可以帮助孩子处理他们的消极情绪。EFT 操作步骤如下。

1. 选择一个目前最困扰自己的心理或情绪问题。
2. 评估这个心理问题引起的困扰强度。以 0~10 作为强度刻表，0 代表没有情绪上的张力，10 表示非常强烈。选择其中一个数字代表当下对这个问题的情绪感受强度。
3. 确定当前心理困扰的简述句。比如："我今天被误解了，我感到很委屈/愤怒/害怕/羞愧/焦虑。"每次只针对一种情绪造句，例如选择"委屈"。
4. 说出正向的治疗目标。目标语的格式是"尽管我很……我还是全然地接纳我自己"。持续地轻轻敲打手刀点（KC），并专注地想着上述问题，然后重复三次地大声念出目标语，如"尽管我很委屈，我还是全然地接纳我自己"。
5. 依次轻敲 8 个情绪穴位点。眉头、眼侧、眼下、人中、下颌、锁骨、腋下、头顶中央，每个穴位轻敲 5~8 下，并说出一句心里当下想到的话，无论是积极的还是消极的，都有意义，例如："我不是一个好妈妈。""我确实不擅长做家务。""我的考虑欠妥当。""他对我的责怪让我想起了小时候脆弱的我。""我害怕被抛弃。""我只是暂时没有能量。""当我的情绪走了，我就可以正常地思考了。""我可以心平气和地表达感受。""我还有更好的解决办法。"……可以使用任何一只手来敲打，可以只敲打单一侧也可以两边一起打或是两侧交替敲打。可以单独使用中指也可以并用两三指。而敲打的力道，就如同我们无聊时会无意识地用指头轻敲桌面般的强度就可以了。
6. 再次重复第 4、5 步，在多轮后重新评估情绪张力的强度，和一开始比，分数是否有变化。如果感觉好一点,但还是有一些情绪困扰,可以轻拍手掌上的手刀点:"尽管我仍旧感觉委屈,我还是深深地全然地接纳我自己。"

7. 继续敲打。重复以上步骤,直到觉得情绪困扰减轻到身心舒适、可以接受的程度。

第二节 积极倾听的艺术

与孩子获得联结的首要方式,不是说,而是听。聆听孩子,才能听出孩子语言背后的需求。找到孩子的需求,才能理解孩子,与他获得"联结"。当孩子跟我们说话的时候,我们的头脑往往会陷入以下预设中,从而阻碍了听见孩子与理解孩子,更无法用孩子能够接受的语言对他说话,例如当孩子说:"我不想上学了。"家长心里就会有预设:"不读书长大以后只会变穷人/被欺负……""不行,我必须让他马上去上学。"这些都会让亲子之间的关系变得紧张或者疏远,失去信任,甚至影响孩子的心理健康。

一、积极倾听四部曲

家长要做的是放下评判,积极倾听。有以下4个步骤。①明确使用适当时机:当孩子遇到问题,需要表达自己情绪的时候。②放下自己的想法和情绪:置身于孩子的位置,用孩子的视角看世界。③接纳和理解孩子的情绪:伸出同理的耳朵,做一个感兴趣的听众。④无评判式的反馈,不包含评价、意见、建议、推论、分析或质疑。

案例分享

小明说今天不和小轩一起玩,妈妈第一个回应是:"你在生小轩的气,对吗?"妈妈回应的是小明的情绪。小轩感到妈妈理解他,于是接着描述了更多的情况:"嗯,我再也不想跟他一起玩了!"妈妈继续回应小明的情绪:"哦,你非常生气,所以你觉得以后都再也不想跟他一起玩了。"

小明感觉得到了妈妈的理解,开始自己反思:"但是如果不跟他一起玩,我就再也找不到其他人一起玩了。"妈妈回应道:"哦,你不喜欢自己一个人玩。"小明继续说:"嗯,我得想想别的办法……"

这样的对话方式,妈妈一直在积极倾听孩子,她也没有代替孩子去想办法,而是积极地陪伴着他,直到孩子不再生气,并且主动地、自发地去解决问题。

二、避免形式上的"倾听"

很多家长学习了倾听之后,以为自己掌握了,但仍然容易陷入以下误区:①通过"指导"来操纵孩子,表面上让孩子自主选择,但实际上让孩子感觉到只有听家长的才行。②鹦鹉学舌,没有感情地简单重复。③打开沟通之门后又再关上。④在错误的时间使用积极倾听。

三、实训科目：倾听伙伴

倾听伙伴是"手拉手做父母"的创始人帕蒂惠·乐夫提出来的，是"向内看"最好用的工具之一，简单却强大，能帮父母消除内心的愧疚和孤独，提升自我反思能力。简单来说，就是一种倾听时间的交换，你倾听我，然后我倾听你，需要遵守一些规则，不同于一般聊天。两位父母或两位朋友约定好，在规定的时间内彼此倾听，每人用时5、10、30或60分钟均可。首先一个人做倾听者，另一个人做倾诉者，然后角色互换。可以用计时器辅助，保证双方的说话时间一样长。

倾听者要关注倾诉者，在适当的时候点头、微笑，保持眼神接触，不需要讲太多话，甚至可以不说话，允许倾诉者自由表达，不打断、不批评、不问太多问题、不讲自己的故事，最重要的是不给建议。倾听者要完全关注倾诉者，不用想着接下来要说什么。当倾诉者被倾听、得到放松的关注后，有时候会释放出之前没有意识到的强烈情绪，可能会哭泣、大笑或者因恐惧而颤抖，作为倾听者要接纳所有情绪。

邀请朋友、同事："打扰一下，你能不能倾听我5分钟，好让我一边说一边思考？我不需要任何建议，只需要一个友好的倾听者就可以了。"如果对方同意，就说上5分钟。一开始对方可能在你说话的过程中打断你，倾听做得并不完美，但是没关系，通过练习他会做得更好。不管进行得如何，都要向他表达感谢，然后问一下你是否可以倾听他5分钟。他说完5分钟后，你可以说："太棒了！能倾听你我感到很享受，也感谢你对我的倾听。你想不想以后继续倾听？"如果他同意，你就有了一个倾听伙伴，通过电话、视频或者面对面的方式进行，每天或者一周一次，每次时间可协商定好。可以约定保密原则，把倾听过程中的内容都保密，紧急情况下可以允许只有一个人说。每次倾听时可以从生活中积极的事情说起。听的时候可能会走神，这很正常，觉察到自己的思绪飞走了，用正念重新把注意力放到倾听伙伴身上就可以了。

练习到一定程度之后，就可以用到倾听自己孩子的身上，如果能遵循积极倾听的原则，只倾听，不给建议，很快就会发现，孩子也变得更加相信自己，更容易依靠自己找到解决问题的方案，这比其他人给予的任何方法都更有力量且有效。

第三节 正念说话的艺术

正念说话是一种"不带诱惑的深情，不带敌意的坚决"的说话状态。其中有几个说话的方法——非暴力沟通、赞美的艺术和焦点式提问等可供参考。

一、非暴力沟通

著名的马歇尔·卢森堡博士提出了"非暴力沟通"，又称爱的语言、长颈鹿语言等，被广泛用于人际沟通甚至政治谈判中。这种沟通背后的人生观是"人的天性是友善的,暴力的方式是后天习得的"。目的是通过建立联结,使我们能够理解并看重彼此的需要,然后一起寻求方法满足双方的需要。主要有四个步骤。①观察:不带预设地仔细观察,并具体指出正在发生的事情。②感受:识别和表达内在的身体感觉和情感状态,而不包含评判、指责等。③需求:体会此时感觉背后的真正需要(如食物、信任、理解等)是否得到满足。④请求:提出具体、明确的请求(要什么,而不是不要什么),而且确实是出于由衷。

非暴力沟通强调我们对自身的感受、行为及对他人做出反应时的选择负责,以及如何致力于建立协作性的人际关系。

案例分享

疫情防控期间,妈妈在家既要照顾孩子,又要网上办公,还有学习任务,身心非常疲惫。有一天网课结束,妈妈决定自己在房间学习一个小时。可是,刚学习 10 分钟,老二在客厅哭了。妈妈出来一看,客厅地板上玩具散落一地,老大冲过来告状说:"妈妈,妹妹把东西到处乱放,我就教训她了,我告诉她这样做是不对的,妈妈要收拾太累了!"

听到老大如此体谅妈妈,妈妈心里甚是宽慰,但是老大这样训斥老二,显然老二是不服气。于是妈妈蹲下来跟老大说:"听到你说'妈妈要收拾太累了'这句话,我心里暖暖的。妈妈确实很累。我也不知道怎么办。但我希望家里能够安静一点,让我在接下来一个小时可以安心学习,你可以帮帮忙想办法让家里安静下来吗?"

受到邀请的老大非常爽快地答应了,自己主动去安慰老二。妈妈回房间学习,不知不觉已过了一个半小时,突然发觉客厅分外安静。妈妈打开门时,惊讶地发现,两个孩子正在津津有味地下棋。老二高兴地告诉妈妈,老大教她学会了下五子棋,非常自豪!

我们来看看这位妈妈使用的非暴力沟通句式:①听到你说"妈妈要收拾太累了这句话"——不带评判的观察。②我心里暖暖的、妈妈确实很累——表达心里的感受。③我希望家里能够安静一点,让我接下来一个小时可以安心学习——表达自己的需求。④你可以帮帮忙吗?想办法让家里安静下来?——提出具体的请求。

做到以上四点后,孩子感受到了爱和接纳,并且清晰了妈妈的需求,不会产生负面情绪,大脑就有空间去思考自己可以采取什么行动了。

这里同时包含了"我-信息"技巧。我们来看"你-信息"和"我-信息"的区别。"你-信息"通常会带有命令、说教、批评、质问、试探、讽刺等暴力的意味。比如"你就知道哭(吃)""你做事太马虎了,就会偷懒""你去帮我把灯打开"……可能给孩子造成自尊心的伤害,引起不服、反抗、内疚感、被否定。"我-信息"只是在表达父母自己的感受和需要,没有攻击和指责,所以不会引起斗争,孩子改变不可接受行为的可能性就非常大。比如"我需要你的帮忙""我非常开心,你吃饭不要爸爸妈妈喂,荤菜、青菜都吃""我很担心,看到你不好好吃饭,身体不健康怎么办?"

父母们也纷纷分享使用"我-信息"以后的感受和孩子的变化:"不需要再假装了。"

"在和孩子沟通时更有主动权了。""孩子现在变得有责任感了,体谅父母了,胡作非为的行为越来越少了。"父母对孩子越来越有信心,关系更亲近。

二、赞美的艺术

除了表达自己的感受和需求之外,很多家长为了拉近与孩子的距离,常常会用到赞美。赞美可以让孩子对自己有更积极正向的认知,提高自信,但另一方面也可能会引入反面——变得骄傲自大,或者过多的赞美让孩子的行为变得功利化,为了获得赞美而非真心去做事情。因此赞美要避免以下几种:有期待或有目的的赞美(失去信任且破坏关系)、言过其实的赞美(容易伤人)、敷衍的赞美(拉远彼此距离)、讽刺性的赞美(损害尊严)、比较式的赞美(增加孩子的傲慢)。所以,赞美的要点是真诚(不需要交换或者回报)、及时(每当孩子有好的想法或表现)、停止做错就值得赞美、正向眼光看孩子。

哥伦比亚大学的德校长说:99%的家长都不会夸孩子。不要再夸孩子你真棒,你真聪明了。他教大家12句话,正确夸孩子,激发孩子的内驱力。

(1)夸努力:"这么多作业都做好了,你真努力。"
(2)夸态度:"今天去学画画的时候,我发现你特别认真。"
(3)夸坚持:"这件事挺难的,但是你没有放弃。"
(4)夸思考:"你这个办法是很好的,你怎么想出来的呢?"
(5)夸习惯:"我发现你今天写完作业,把书包整理得整整齐齐。"
(6)夸善良:"爸爸看到你有帮助受伤的同学背书包。"
(7)夸独立:"你是一个很独立的孩子,因为你都可以自己起床,不需要爸爸叫了。"
(8)夸勇气:"上台发言,真是挺难的。但我看到你很勇敢地去发言了。"
(9)夸信用:"说好每天只玩手机30分钟,你说到做到,坚守信用。"
(10)夸细心:"你还提醒爸爸带雨伞,你真是细心的孩子。"
(11)夸领导力:"你带着好几个小朋友排队荡秋千,你真是会领导。"
(12)夸责任心:"出门的时候你一直拉着妹妹的手,你真有责任心。"

三、焦点式提问与沟通技巧

当孩子向家长表达自己遇到困难时,非常需要家长像"心理咨询师"一样帮助孩子。在心理咨询中,短期焦点解决法是非常实用的咨询技术,值得家长学习。

焦点解决的信念是:①问题的背后是目标,抱怨的背后是期待。当孩子提出问题、在抱怨时,我们要帮助他清晰他背后的目标是什么,才能带他走出困境。②讨论问题会带来更多问题,讨论方案会带来更多方案。清楚目标之后,我们不要困在问题中,而是专注在解决方案上,孩子的思维就会打开。③有效继续,无效求变,相信奇迹。当我们跟孩子的沟通在某个点上感觉有效,我们可以继续深入下去探讨。当我们觉得没有效果时,及时寻求变通的其他方法。但无论如何,一定要相信孩子是可以创造奇迹的。他们的自信也会大大增强,思想也会往创造性的方向开启。④匹配、适应、发展、建构。意思是孩子的想法和解决方案没有对错之分,只有匹配与不匹配的区别。用发展的眼光看待事物,不以一时之快论成败,孩子总会向前走。拼乐高也一样,在一堆杂乱无章的积木里,搭建出各种各样富有创意的形状。孩子的人生就在这个协调和创造的过程中。

下面介绍焦点式对话的常用句式。

(1)一般化(正常化):"是的,的确如此!""毕竟不是每个人都能做到(马上放下……),出现这种情况也是可能的。"

(2)预设性提问:"如果今天我们的谈话还算顺利,结束时你希望和开始的时候比,有什么不同?"

(3)奇迹提问:"现在我将问你一个奇怪的问题,假如……(停顿)一天晚上你和往常一样上床睡觉,(停顿)在你睡觉的时候一个奇迹发生了,(停顿)今天所困扰你的问题解决了。当你醒来的时候,什么细小的信号会告诉你奇迹已经发生,问题已经解决?"

(4)例外提问:"你之前讲到有些时候会好些,在那时候情况是怎样的呢?"

(5)应对提问:"发生那么多事情,你是怎么一步一步走过来的?"

(6)刻度化提问:"在一个0~10的量表上,10表示问题解决(或奇迹发生),0表示你最初遇到这个困扰的时候,你现在处在哪个位置?"

(7)赞许:"在这样的情况下,大多数人早被打败了,你的应对秘诀是什么呢?"

四、实训科目:体验沟通中的12个绊脚石

阿德勒亲子学院有一项关于沟通的12个绊脚石的体验,在培训中让每一位参与者都感受到沟通中阻碍双方关系发展的12种方式,家长们平时往往并不清楚自己的表达方式给别人带来的感受,而这一体验可以提升家长的换位思考能力,从而能通过非暴力沟通来强化一致性沟通的表达方式。下面为培训体验的步骤。

1.学员分组,每两个人一组,或几个人一组,每个组围坐成一圈。

2.将一张A4纸分成12等份,每张纸上写好一个词,分别是命令、威胁、说教、建议、说服、贴标签、表扬、辱骂、分析、安慰、询问、转移。把纸条对折,使文字不能被看见,散落在桌子中间。

3.组内选一人当主角,分享最近发生的一件困扰自己的事情(不能太隐私)。

4.其他组员开始抽纸片,按对应的方式来造句,以回应主角述说的问题(表4-1)。

表4-1 沟通中的12个绊脚石

序号	绊脚石	典型语言	表达方式
1	命令	你去……你做……	给他下命令
2	威胁	你敢……我就……	告诉后果
3	说教	你应该……学生就应该……	常用"应该"两个字
4	建议	我的想法是……我认为你要……	提供自己的意见

续表 4-1

序号	绊脚石	典型语言	表达方式
5	说服	某人做到……所以你可以……	用故事道理说服对比
6	贴标签	你就是一个……样的人	负面标签
7	表扬	你真棒……别人都做不到……	抬高对方,贬低他人
8	辱骂	你真蠢……你脑袋进水了	污辱人格
9	分析	某人(事)会发生,是因为……	分析原因
10	安慰	没什么大不了的……不要一般见识	忽略感受
11	询问	什么问题?干不干净?第几次?	一直问
12	转移	不要说……还是……吧	逃避话题

5. 主角在整个过程中都不能说话,只需安静地体会每一种方式给自己内心的感觉。

6. 组员抽完 12 张纸条并逐一分享完后,主角开始分享自己的感受。

7. 请下一位组员当主角,按上面的顺序操作。

8. 学员分享以上 12 种沟通方式,有哪些是自己在亲子沟通或其他人际沟通中存在的问题,并启发大家思考。

9. 同样的分组,在同样的问题上,学员用非暴力沟通的方式来表达,如果是没有基础的学员,可以只体验非暴力沟通中的第一步"观察"和第二步"感受"。

10. 主角再次感受,并分享。

11. 指导师总结。

第四节 共渡难关的艺术

沟通不仅是为了化解冲突,更是让亲子双方维持和谐的关系。当困难和挑战发生的时候,家长可以帮助孩子渡过难关。当前社会上求助最多的儿童青少年问题,除了抑郁,就是沉迷网络与厌学拒学的问题。家长如何陪伴孩子战胜"心魔"?下面介绍几种方法。

一、用认知行为疗法(CBT)应对沉迷网络

沉迷网络的孩子多数是中小学生、大学生,他们往往变得不太善于与人交往,成绩落后,每天待在房间。当孩子利用网络来忘记忧愁、寻找乐趣、获得人际支持等,背后是孩子的成就感、归属感的需求,家长需要做到以下几点。

1. 反思与自查家庭因素 孩子的需求在现实世界中得不到满足,他们才会躲到网络世界中去。家长反思家庭是否发生了变故。家长过于忽略了孩子的情感需求?孩子在

学校遇到困难却不敢跟父母说？对孩子的期待是否过高？对孩子的学业成绩态度是否过于强硬？孩子长期得不到认同？自己有没有经常在孩子面前看手机或玩手机？平时与孩子相处时通常是做什么事情？心情如何？孩子在报复家长的某些行为？青春期寻找自我同一性过程中的一种强烈反应？找到原因所在，才能更好地帮助孩子。

2. 接纳与理解孩子，调整期待值　问题说明过去的期待不合实际，教育方式也偏了，父母应当对孩子建立合理的期待。

(1) 建立良好的亲子关系，让孩子知道，"无论你变成什么样子，父母一如既往地爱你"。提供一个稳如磐石的关系，让孩子不因压力无处可逃而逃进虚拟网络世界。

(2) 孩子拥有更好的时间管理的能力，在他的年龄适应范围内能够合理安排玩游戏与写作业的时间。

(3) 获得好学的品质，保持学习的兴趣，不是为分数而学，不是为别人的期待而学。

(4) 对待学习能够变得认真，而不是敷衍了事。

(5) 与孩子重新看待电子产品，分清网络使用的精华与糟粕，有意识地避开"地雷"。

(6) 用行动来让孩子相信自己是"生而有价值的、可爱的、一个有用的人"。

(7) 父母与孩子共同探讨沉迷网络与戒除网瘾之间的"收益与代价对比"（表4-2），注意主要由孩子说出答案，而不是由父母强制灌输。

表 4-2　沉迷网络的收益和代价自我对比分析示例

选择	收益	代价	对比结果
继续沉迷网络	·心情愉快、感到充实 ·不用与他人交往 ·不用面对学习问题	·父母不满、与父母对立 ·身体体质不好，有健康问题 ·有时也感到心烦 ·没有未来	收益<代价
戒除沉迷网络	·和父母关系好转 ·能和朋友一起玩和聊天 ·能够上学、工作和就业 ·将来有一份喜欢的工作并组建自己的家庭	·需要面对糟糕的学习成绩 ·戒除过程很难受	收益>代价

当孩子自己意识到戒除网络沉迷，自己的代价会更小，收益会更大时，他们内心产生的动力就会更强。

3. 和孩子商量每天的网络使用时长并接受管控，逐步减少　结合游戏力养育中的"轻推法"，循序渐进，与孩子共同制订改善计划。切忌一开始就制订太远大的目标，否则孩子觉得难以实现，失去信心和耐心。设置跳一跳就能够得着的阶段性目标，增加成功的体验。如果发现目标还是有难度，适当调整放慢一点。

(1) 不用急于去改变孩子，而是用数据化的表格（表4-3、表4-4）记录孩子每天使用网络的时间。先让他们养成自我记录习惯，感受自己改变的心理过程。

表4-3 小轩手机的屏幕使用时间记录

日期	上网时间/分钟
3月4日	805
3月5日	730
3月6日	728
3月7日	705
3月8日	780
3月9日	690
3月10日	668

表4-4 小轩的手机使用行为监控

时间	内外情境	自动思维(有关想法)	渴望强度(0~10分)	行为反应	后果与感受
9:45	家里来客人,和客人无话可说	太无聊,玩手机吧	7	忍住,听客人讲话	无聊
11:13	客人走了	自己憋坏了,还是玩手机有趣些	9	拿起手机玩	玩时轻松,事后后悔
14:48	意识到心烦	看搞笑视频调节心情,不要心烦	6	手机刷视频	心情好多了;耽误做正事(作业)
20:14	朋友约一起玩手游	朋友一起玩很开心	8	一起玩手游	心情好

(2)找出孩子在哪些情境下没有那么容易被手机吸引,是哪些积极的想法或行动产生了效果,及时给予强化。对孩子任何微小的进步和闪光点都给予关注和反馈,增加信心和动力。例如:"闹钟一响你就停了,看到你的努力,替你感到高兴!"

(3)约定运动和睡眠时间,强健身心体魄。每天规律运动30分钟以上,早睡早起,不该睡觉的时候不要碰床,作息规律,睡前1小时不看电子屏幕(蓝光刺激大脑兴奋)。每周至少一次到户外去玩,吸收大自然的能量,体验活在当下的感觉。

(4)鼓励孩子重拾其他健康的兴趣爱好,例如唱歌、舞蹈、篮球等。

(5)带领孩子做家务,培养责任心,并热爱生活和学习。

(6)创造条件让孩子与同龄人一起玩,一起参加志愿者等团体活动,增强人际交往能力和社会责任感。

(7)生活简单化,减少电子声光刺激源,让孩子内心更容易平静,回归当下。

4.适用于全家人的规则 一家人共同制定全员共同遵守的电子产品使用规则,尤其是父母要以身作则,避免"双标",包括但不限于以下几点。

(1)用餐之时、躺床上之后不用手机。

(2)让孩子自己制订有关在聚会、宴会等社交场合的手机使用规则,以及违背规则的惩罚措施。

（3）规定隐私的范围：哪些照片可以拍，哪些声音可以录，哪些文字可以分享。知道网络泄密和网络暴力的危害。

5. **严重时接受治疗**　如果孩子经过医院诊断为严重的网络成瘾，经过在家治疗没有获得改善的，必要时需要住院干预治疗。

二、应对厌学与拒绝上学

厌学，在中小学生甚至大学生群体中越来越常见。本来学习和探索新知识是非常令人愉快的事情，但是"重智轻德"的"教育内卷化"之后，孩子就丧失了对学习的乐趣，反而有更多的挫败和无力感。多数学生厌学但还能坚持上学，极少数学生则会选择不上学。拒绝上学的形式有多种，轻度的厌学是迟到、不写作业之类，中度的厌学是经常找理由请假不去学校、不参加考试等，重度的厌学就是索性待在家里不去学校。拒绝上学的孩子可能不仅仅是因为厌学，还有其他方面的原因，家长、老师和心理咨询师要找到真正的原因，并且做针对性的行为矫正和心理支持。

1. **学业失败**　一次或多次考试成绩达不到预期之后，孩子对学习变得没有期待，感觉每天上学就如同受刑或蹲监狱一样，就很容易做出不再上学的决定。家长应当与孩子平静地沟通，理解他的学习困难在哪里，鼓励他改进学习方法和学习习惯，增强信心；通过分享名人以及自己应对困难的经历，鼓励孩子积极面对。帮助孩子调整学习的心态和期望，理解学习不是以分数为标准，更重要的是自己的兴趣和在生活中的应用，接受自己有长有短。修正孩子"我是无能的、我是没有价值的"的负性核心信念，变成"我是有能力的""我是有价值的""我是可爱的""学习是有意思的"积极的、正性的核心信念。

2. **在校人际关系问题**　如果学校有自己的好朋友，能维持和谐的人际关系，孩子即使不喜欢学习，还是愿意继续上学的。相反，如果自己和同学相处不好，被孤立排挤甚至被欺凌，或者老师经常批评、羞辱学生，孩子也很难在学校待下去。家长需与孩子沟通，了解他真正的想法和期待，帮助孩子调整对人际关系的认识，例如接受有人不喜欢自己这个现实，调整和修正他为人处事的方式。让孩子回到学校，家长与老师共同合作，帮助孩子修正僵化的人际关系模式，变成因人而异、视情况而定的灵活相处之道。修正孩子"我是没人喜欢的"负性核心信念，变成"我是可爱的""我可以拒绝不合理的要求""我可以选择自己喜欢的朋友"等积极正向的核心信念。

3. **对抗或报复家长**　如果家长习惯于用各种物质或精神的奖励去诱惑孩子学习，孩子会意识到"学习是家长最在乎的事情"。孩子为了实现自己的目标（例如买奢侈品等），也会拿父母的弱点——不上学来控制父母或惩罚父母。还有些孩子觉得自己总是被忽视，例如弟弟妹妹出生、父母工作太忙、父母关系紧张等，心理需求未被满足，同时发现自己的学习就是父母的脸面，于是他们用拒学来毁了自己，报复父母，让父母承受失败和痛苦的代价。这种情况家长需要与孩子有多次的沟通，修复亲子关系。必要的时候要求助家庭治疗师和心理咨询师。通过一段时间的调整，让家长能更投入地倾听和理解孩子，改正过往溺爱或简单粗暴的教育方式，亲子双方都提高共情能力，建设融洽和谐的亲子关系。

4. 不上学获益更多　对于一些年幼任性的孩子而言,上学不好玩,而不上学好处更多,例如上学要背书包、上课不能乱动、老师会批评等,而不上学有父母陪着,有零食吃,能去外面玩,爷爷奶奶都听自己的,等等。两者相比,他们自然就会选择不上学了。这种情况家长需要和学校老师以及咨询师取得合作,通过改变孩子在家和在校行为的后果,让孩子选择回到学校。

(1) 取消不上学行为的强化物(如上网、睡懒觉),对上学行为实施强化。

(2) 能享受到在学校的快乐,如学习进步、受他人表扬、认识新的好朋友等。

(3) 调整亲子关系,以利于孩子回到学校上学。

(4) 增强孩子对学校人际关系(师生关系、同学关系)的适应能力。

帮助孩子重拾学习的兴趣,甚至重返校园,还有非常重要的一点是培养孩子学习的自主性。第三章智育中有关于学习能力培养的相关方法。

第五节　家长的自我成长艺术

每一位家长身上都承担着不少压力,经济、职场、养育子女、赡养老人、人情往来等。面对纷繁的事务,家长的情绪也会不断地波动。如果只是一味地"扑火",内心很容易枯竭,焦虑和抑郁就容易经常光顾。所以从长远来说,家长的自我照顾与自我成长才是稳定情绪和良好亲子关系的重要来源。

一、当自己的"内在父母"

马来西亚心理学博士林文采认为,一个人如果能当好自己的"父母",才有可能当好孩子的父母。家长也要给自己补充五大自己心理营养:无条件地接纳自己,常常觉知此时此刻"我最重要",安全感,自我肯定、赞美、认同,学习认知模范。

如果我们在原生家庭中未能从父母那里获得足够的心理营养,那么从现在开始,我们就要通过学习来成长,学会当自己的"父母",来照顾自己。原生家庭中一些不健康的传承,只是因为我们年龄太小时无力拒绝,现在我们长大了,可以拒绝接受内心并不认同的"规条",可以重新创造建构自己的内在秩序。我们可以通过读书、冥想、站桩、心理咨询、培训学习、断舍离等方式来做自我探索和成长。当我们提升了自我价值感时,就会发现,生活会有更多的幸福感,我们可以传递给家人更多的爱与能量。

二、练习"一念之转"

心理学家贝克认为:我们对事情的认知,决定了我们的情绪。因此,及时转念,把消极转为积极,我们应对事情的方式也会变得积极。山不转,路转。路不转,人转。只要心里能拐个弯,路就会随心转。

案例分享

有一个人拿着自己的泥塑作品去参赛，不小心掉到地上了，重新做太麻烦，于是直接换了个名字《挤地铁》，竟然获奖了！作品生动地展现了上班族在挤地铁时的窘迫场景，非常幽默！生活就是这样，有时候看上去很糟，但是当我们转念一想，又会有积极的收获！

练习转念还有其他的方法，例如写冰山日记，家长探索自己内心深处的需求，找到不一样的视角。

三、环境与心灵共同"断舍离"

近年来非常流行通过"断舍离"来实现个人成长。"断舍离"是通过立足当下，梳理自己与物品的关系，了解当下自己的真实需求，从而构筑令自我愉悦的生活状态。通过家中衣柜-壁橱-厨房-餐架-冰箱-书架-厕所-玄关-客厅及餐厅-再利用的物品的整理顺序，逐步清理自己的生活空间，重新获得愉悦的感觉。这也是一种美学，内心不需要、不舒服、不合适的情感和被父母强加的负性价值观随之分离和舍弃，让身心变得轻松起来。

当人们清理屋子的时候，与家里的每一件物品进行内心的"链接"，寻找物品堆积的根源，对并不是真正需要的物品进行"告别"，并且在买东西的时候多了一些思考再做决定，减少不必要的支出和浪费。经过一系列的"断舍离"，人们回到家时，真正地感觉到整洁，安心随之而来，焦虑会越来越少。"少即多。"当家长们减少复杂的人事消耗时，就有更多的时间和精力放在自己、家庭、孩子身上，情绪更加稳定，让孩子有更高质量的陪伴。

四、不断学习与自我修正

父母要在孩子面前树立威严，孩子才会尊敬和信服家长。如果定下的规矩父母自己能够严格遵守，那么孩子也才会遵守。如果家长能够做好榜样，孩子即使不知道规则，也能自觉遵守。这正是父母规倡导的"威于信，子女敬，严于律，子女听。尚道德，明法令，耻且格，家风正"。

父母如何学习呢？最好的方式就是读书和学习，尤其是读中华民族经典，例如四书五经、名人家训。在众多的案例和故事中汲取智慧，并在生活中践行。

五、实训科目：父母互助成长小组

自我成长还有一个重要的方法是共修，例如成长小组，就是一个互动式、体验式、封闭式的团体，"一个真实社会的缩影"它具有支持性、成长性和治疗性。心理咨询师带领"父母互助成长小组"，成员都是家长，每周1次小组聚会，大家互相探讨自己的育儿理念及现实中的家庭和亲子冲突。成长小组强调每个成员此时此地的自我觉察与感受，自由表达，宣泄情绪，并被组员紧紧地"抱持"住，他们会觉得原来自己存在的问题别人身上也有，瞬间卸下了心理包袱。当他们逐渐接纳自己的时候，就能修复和改善自己在社会人际关系中的沟通互动模式,并把这种成功的经验迁移到自己的现实生活中,与孩子的相处会越来越自然,家庭氛围也越来越好。具体流程如下。

(1)每期招募成员6~8名,成员入组前需要跟带领者有一对一的沟通,时间可长可短。当带领者认为招募的成员合适时,邀请其入组,一旦满员,不再接收新成员。接受中途退出,但中途加入新成员需经过全体组员同意。

(2)每期活动总共为8~10次,每周一次,每次2小时。

(3)小组规则是"开放""保密""坦诚",接受规则的人才能被邀请入组。

(4)小组成员之间最好相互之间都不认识,并在现实生活中没有交集,这才能保证成员之间关系的平等及中立态度。成员中最好有男有女,因为不同性别带来的视角不同,并且有更多的"投射"可以发生,带动探索。

(5)每次开始前,带领者先带领成员做热身活动,可以是自我介绍(首次)、正念冥想、游戏等。

(6)正式开始后,带领者根据主题邀请成员自愿分享当下想要说的话,或者面临的困扰。一个人说的时候,其他人积极倾听,不能随意打断。倾听者秉承"放下评判、关注呼吸、回到感受、此时时地"的正念原则。

(7)每个人分享完自己的想法或经历后,带领者邀请其他成员就刚才听到的及看到的进行反馈,这个反馈不能带有评判,如果不小心有了评判,需及时觉察。

(8)每次只有4~5名成员能作主角分享。没有轮到的伙伴留待下次聚会分享。

(9)带领者总结和致谢,包括接纳小组活动中的任何想法和念头,鼓励成员真实表达自己,释放情绪,互相照见。

(10)在聆听和分享中,带着16字的正念觉察:放下评判,关注呼吸,回到感受,此时此地。

本章思考

1.您在亲子沟通中遇到的问题是什么?情绪、倾听、说话、共渡难关与自我成长5个维度中,哪个部分影响最大?为什么?

2.您使用本章介绍的各种方法,找家人或同伴去练习,并在生活中实践。您感觉哪些对您来说是适用的?请分享您的练习感悟。

3.如有可能,请组织或参加一个父母互助成长小组,把参与过程中的感受写下来。

第五章 家庭结构与系统平衡艺术

在精神心理科门诊和家长课堂上,我们常听到这样的声音:"帮帮我的孩子吧!为了孩子,我可以牺牲一切,我可以没有爱情、没有快乐。只要孩子好,我就好了。""我的教育理念很好,但是我的另一半无法理解我,无法配合我,因此我没有办法教育好我的孩子。""爸爸一个家,妈妈一个家,我没有家,只能住在爷爷和叔叔那里,我好像挺多余的。"

在家庭中,很多人都被"关系"所困,要么被"绑住",要么被忽视。孩子就像一棵树,家庭如同这棵树赖以生存的土壤。如果家庭这片"土壤"是良好的,功能完善、富有营养、具有弹性的,即我们称为"健康的家庭",家庭教育才能发挥正向的作用。反之,当家长忽略自身土壤的培养时,前面所学的育儿知识都发挥不了作用,孩子依然会出现问题。表面上看是孩子"生病了",但实质上是这个家"生病了"。家庭治疗师和家庭教育指导师就像是"医生",给家庭"治病疗伤"。我们必须对家庭有一个完整的认识,知道健康的家庭样子是怎样的,才能带领家庭走向这个清晰的目标。

首先,家庭需要有完整的家庭功能,也需要边界清晰的结构——各归其位,各司其职。不在其位,不谋其政。在核心家庭中,父母结成"夫妻联盟""养育联盟",孩子就不至于处在"撕裂"的痛苦中,也不会越位成为"父母的父母"凌驾于父母之上。在"家庭生命周期"中及时完成各阶段的任务,父母的角色与功能随孩子年龄的增长而相应调整,从"完全的父母功能",慢慢分出"朋友功能",直到成年早期成为"完全的知己朋友",孩子成长的每一步就会非常稳健。

其次,每个家庭有共性也有个性(特殊性),本章会提炼不同家庭形态下的教育重点供家长们参考,例如独生、二胎、多胎家庭,隔代养育与留守儿童家庭,离异与重组家庭、全职妈妈和全职爸爸家庭等。

再次,我们反观家庭教育中的文化因素。营造家风文化,把家庭教育与民族传承和国家发展紧密结合起来,是预防孩子出现重大行为偏差的"治未病"基础,更是培养孩子优良品质和提升人生格局的重要途径。

最后,我们节选国家对未成年人教育与保护的相关法律法规,以"反欺凌"为例,呼吁家、校、社充分合作,以家庭为主,防治结合,为孩子的健康成长保驾护航。

第一节 维持完整的家庭功能与健康的家庭结构

一、完整的家庭功能

一个完整的家庭,首先是功能齐全的家庭,在人类生活和社会发展中发挥着重要作用。①经济功能,包括家庭中的生产、分配、交换、消费,是物质基础。②夫妻生育功能,是种族延续的保障。③夫妻性生活功能,是家庭中婚姻关系的生物学基础,并受法律与道德的约束。④家庭教育功能,父母教育子女为主,家庭成员之间相互教育为辅。⑤代际抚养与赡养功能,抚养是上一代对下一代的抚育培养;赡养是下一代对上一代的供养帮助,这种功能是实现社会继替必不可少的保障。⑥感情交流功能,感情交流越充分,家庭生活越可能幸福。⑦休息与娱乐功能,让家庭成员松弛有度,补充能量,保持工作与生活的高品质。

一个家庭具备的功能越齐全,内涵越丰富,家庭越稳固。任一功能或者多个功能缺失,都会对整个家庭系统带来动力不足、矛盾重重的挑战。例如经济功能缺失,家庭没有可以支撑生活的经济来源,那么家长对孩子的教育支持也会变得非常困难。又如赡养功能缺失,老人没有得到赡养,那么孩子学习到的则是道德的缺失,家族难以兴旺。又如,家长忽略了夫妻之间的性生活、情感交流、休息娱乐等,这些功能的缺失会带来一系列的问题,从而影响家庭教育功能的正常发挥。

案例分享

一高三孩子因患抑郁症走进心理治疗室,在咨询中透露出对父母的失望,觉得自己的出生是一个错误,给父母带来痛苦:"我爸妈在家就像陌生人一样,我知道他们很痛苦,想离婚,但是因为我,他们不敢离婚。所以我是不是一个多余的人?"在家庭治疗中发现,他的父母已经多年没有同房,母亲用拒绝过夫妻生活来表达对父亲的各种不满,后来父亲感情出轨,并有了私生子。失去了感情的夫妻变成了"僵尸婚姻",而最痛苦的莫过于孩子。孩子甚至怀疑自己生命的价值,让人感到深深惋惜。

加拿大生理心理学家、压力理论之父汉斯·塞尔耶,做了两个残忍的老鼠压力实验。在第一个实验中,一批老鼠每天接受电击一段时间后,毫无例外地都死了,分别死于胃溃疡、胸腺和淋巴结萎缩所导致的免疫力低下、肾上腺皮质肥大。第二个实验是电击一只老鼠,然后观察旁边的老鼠,旁边的老鼠虽然没有受过电击,但是看到它的同伴每天都要痛苦地被电,过了一段时间没被电的老鼠也出现了胃溃疡。由此可见,人的身心是一体的,无论是身体上还是精神上遭受压力,都很容易出现躯体反应。如果家中父母是天天紧张、压力大、恐慌、焦虑、抑郁,那么孩子是身心俱伤的。

二、结构和边界清晰,各归其位,各司其职

健康的家庭是结构清晰的。一个大家庭分为不同的子系统,原生家庭系统与核心家庭系统、父母子系统与子女系统,系统间和家庭成员间的边界都是清晰的(图5-1)。正如中国传统儒家思想所说:君是君,臣是臣,父是父,子是子,母是母,女是女,各归其位,各司其职,不在其位,不谋其政。每个人有自己的物理空间和心理空间,在某些时刻互相有联结,这种联结能让彼此之间感觉到爱,感觉到尊重,感觉到被滋养。

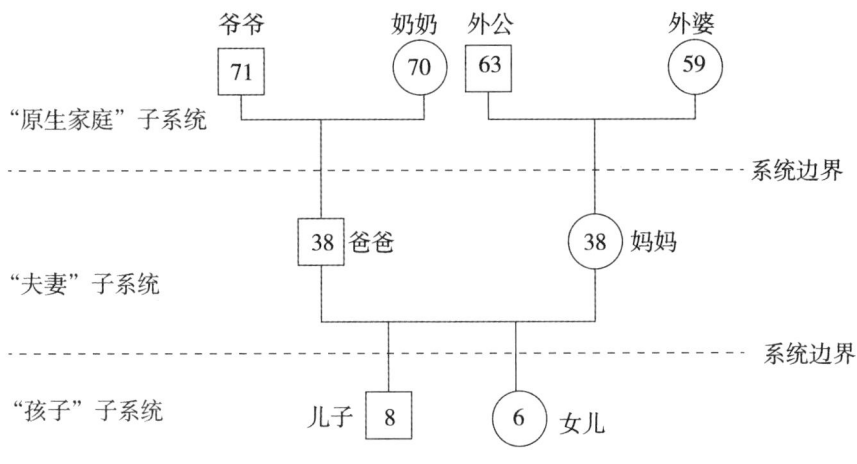

图5-1 家庭结构与边界示例

例如,祖辈一般不跟子辈或孙辈在一起住,即使住在一起,也不干预他们的事情。可能会在家务事上帮一下忙,但涉及小孩的教育问题,就交由孩子的父母两个人全权负责,会激发出父母的最佳表现。孩子的爸爸妈妈之间有矛盾时,也不会把孩子牵扯进来"站队",而是让孩子在"孩子子系统"中安心当"孩子"。

(一)生病的孩子反映了家庭的结构失衡

健康的家庭与外界也有清晰的边界。不随波逐流,"不内卷",不容易被外界的信息过多干扰,清醒地认识到"我们家不需要跟别的家庭一样"。而不健康的家庭则相反,以各种"症状"来呈现家庭结构中的边界不清、位置错乱和关系纠缠。

案例分享

一个15岁的小女孩吉儿,因为父亲工作上的调动,全家移居国外。在一次跟一个男生在池畔玩耍时被推下了水。吉儿被爸爸救上来之后,她的左腿、左臂无法动弹,但医院反复检查的结果都显示她的身体是正常的。接受了物理治疗半年毫无进展,医生认为吉儿是患了歇斯底里麻痹症,属于心身疾病。经过家庭治疗师对这个家庭的访谈和评估发现,其实是这个家庭结构出了问题。在总共15次的治疗中,米纽庆在咨询室里活现了整个家庭跨代联盟和病态关系,吉儿的外婆与吉儿妈妈过度亲密,外婆干预父母的夫妻生活,吉儿在一定程度上也像外婆一样干预父母的生

活,而吉儿父亲则被排除在家庭系统之外。吉儿过度依赖母亲,心理年龄变得更小,"不能走路"使她能够实现对母亲、对家庭的依赖。因此米纽庆对这个家庭进行了关系的重构,他通过帮助母亲清晰与原生家庭(外公、外婆)的边界,帮助父亲重回核心家庭系统,承担起父亲和丈夫的角色,并重构两夫妻的养育联盟,帮助吉儿回到她作为一个青春期孩子的位置。吉儿从依赖妈妈当拐杖,到依赖爸爸当拐杖,再到使用医院特制的金属拐杖独自走路,直到最后丢掉拐杖,完全恢复正常走路,正常上学。整个过程用了 7 个月的时间。

——摘自萨尔瓦多·米纽庆《回家》中的案例《丢掉拐杖》

在中国,这样的家庭也非常多。著名的家庭治疗师李维榕博士总结到,这么多年,做了这么多治疗个案,她发现这样的家庭往往是:①孩子是父母的心肝宝贝;②孩子的背后一定是一对矛盾重重的父母;③父母对彼此已经不抱有期待了,觉得就凑合着过吧,把精力都放在孩子身上;④孩子忠心耿耿地扮演父母桥梁的角色。孩子承担了很大的压力,过多的矛盾、压力和期待,让他成了容易出问题的孩子。

父母角色的缺失,往往会让孩子变成"父母"来弥补这个缺失。这在本质上是为了拯救家庭关系。缺席有两种,一种是丧失,是真的失去,如父母去世、失踪、失去联系等;另一种是父母人还在,但孩子已感受不到他们的存在。问题家庭模式如图 5-2。

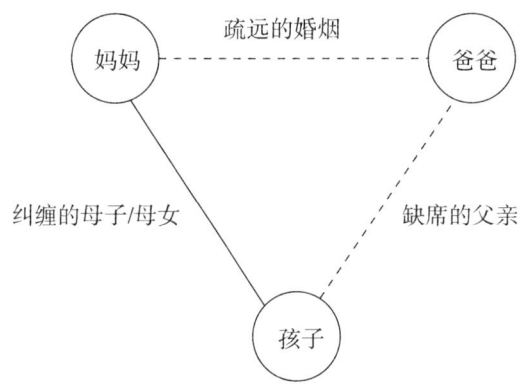

图 5-2　问题家庭模式

有人把这种模式比喻成一条公式:"失控的孩子=焦虑的母亲+缺位的父亲"或者"失控的孩子=焦虑的父亲+缺位的母亲"。常见的是爸爸缺失,妈妈和孩子过于亲密。可能爸爸长期出差,对家里的事一概不管不问,只顾忙自己的事业或者别的事情。妈妈很多情绪不能指望伴侣,很可能靠孩子来缓解。孩子承接了妈妈太多的负面情绪,或者整天忧心忡忡,烦躁不安,就无心向学。有的孩子用牺牲自己的方式来挽回父母的关系。

案例分享

一个原本品学兼优的中学生辍学了。细心的老师发现,原来他的父母感情已经破裂,处在离婚的边缘。虽然没有告诉孩子,但孩子早就厌烦了父母之间无休止的争吵。他变得讨厌学习,沉迷网络,直至辍学。住院后,终于看到父母一起为他奔波,重新并肩作战。孩子的问题变得更为重要,父母离婚的事情就耽搁了,孩子在潜意识里面实现了自己的愿望。

(二)离开了"孩子位置"的孩子活得痛苦

大部分孩子的问题与父母未解决的矛盾有关。夫妻出现分歧,孩子就离开了自己"孩子位置",就越界跑到夫妻子系统中去,变成了"半个父母",试图主宰整个家庭。父母或父母一方退行为"孩子",孩子成了父母的情感照料者,形成病态结盟,结构和边界开始混乱。孩子的越位有以下几种情况。

(1)孩子用成绩来"喂养"父母。孩子肩负"光宗耀祖"的家族使命,从小被迫"两耳不闻窗外事,一心只读圣贤书"。成绩好坏是家庭晴雨表,是父母快乐和痛苦的源泉。

(2)孩子用"假装好吃""假装能吃"来喂养焦虑的爷爷奶奶。过于在意孩子吃饭穿衣的祖辈,不停地给孩子夹饭并要孩子全部吃下,就像看着当年饿了的自己。

(3)孩子还不如灶台高,就变着花样给爸妈做饭,只为他们能在家多陪陪自己。有的孩子想尽办法逗妈妈开心,至今也不明白,妈妈为何一天到晚哭丧着脸。

(4)有的孩子主动辍学,只为帮比自己小不了几岁的弟弟或者妹妹,通过牺牲自己来证明自己在这个家里是"有价值的"。甚至在长大结婚生子之后,仍然离不开原生家庭,把他们摆在比核心家庭还要重要的位置,并因此与伴侣冲突不断。

(5)有的孩子不停"生病""逃课",因为只有这样,爸爸妈妈为了"照顾"自己才不会吵架、不会离婚。

(6)有的妈妈把儿子当"半个老公"来养。孩子长大后一旦走进亲密关系,妈妈的身心就出现各种问题,导致儿子无法与他人维持亲密关系,与妈妈紧紧地"绑"在一起。

他们本该享受的自主、自由、童真、无拘无束被客观因素、被父母中断了。他们看父母脸色,给父母赚钱,等长大就会无意识寻找让自己满足的人。若没有,恰好伴侣又指望不上,就很可能从孩子那里补回在父母那里失去的童年,由此代代相传。

(三)通过三元关系建立亲子之间的边界

一个看到原生家庭结构和边界问题的人,就会更清楚地知道自己内心最匮乏的是什么,知道得越多就越不被它控制,不会把这些需求投向孩子,向孩子索取。经历过心理成长的人,会切断与原生家庭的不良传递,延续爱与边界,重获自信与能量。

爱与边界是永恒的命题,需要父母保持觉察,什么是"人我边界"和"三元关系"(图5-3),即在夫妻、亲子、同事等关系中,每两个人之间,都有"你""我""我们"的部分,边界清晰的表现是:①我知道什么是我的,什么是你的(我的东西我做主,不能随意碰别人的东西)。②我知道自己该做什么,不该做什么(我的工作不推卸,别人的问题我不承担)。

③我明白自己可以接受什么,拒绝什么(我可以接受批评、指教,但不接受打着爱的旗号的控制、绑架)。边界不清的表现是:"我做这么多还不都是为了你们,你竟然这么跟我说话。""要不是因为生你,我早就当教授了!""就你多事!你看人家明明多好。"

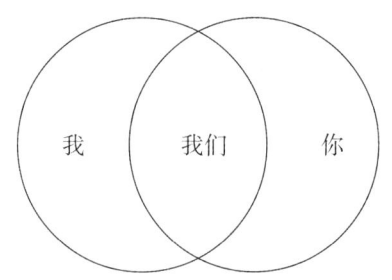

图5-3 三元关系"你""我""我们"的边界

如何做到与孩子建立清晰的边界?有两个原则:第一,"60分"原则。在孩子能力安全范围内的需要,家长不必去满足,即温尼科特所说的"恰到好处的挫折"和"足够好的妈妈"。第二,"自我照顾"原则。家长的情绪要先被照顾,而不是用超出能力的牺牲满足孩子。如果家长压力和焦虑状态下去满足孩子,实际上是"以爱孩子为理由来爱自己"。

三、父母结成养育联盟

(一)夫妻关系是一个家庭的"定海神针"

《中华人民共和国家庭教育促进法》中明确规定"共同参与,发挥父母双方的作用"。印证了"夫妻同心,其利断金"!"在其位"的夫妻共同形成养育联盟的,在对待孩子教育的大小事物上是互相协调的。爸爸爱妈妈,妈妈爱孩子,孩子爱父母,这是良性循环,是系统动态平衡。离异或者单亲家庭,即使父母不在一起了,只要在"教育孩子"这件事情上是达成一致的,对孩子来说,依然可以算是拥有一个具有"健康养育结盟"的家庭。

相反,在"病态结盟"家庭中(图5-4),父母无法达成一致,无论孩子支持父母哪一方,另一方都会把孩子看作是对自己的攻击和背叛,一家人就陷入情感争夺战,孩子往往处于一种无法取胜的情境中,痛苦万分。

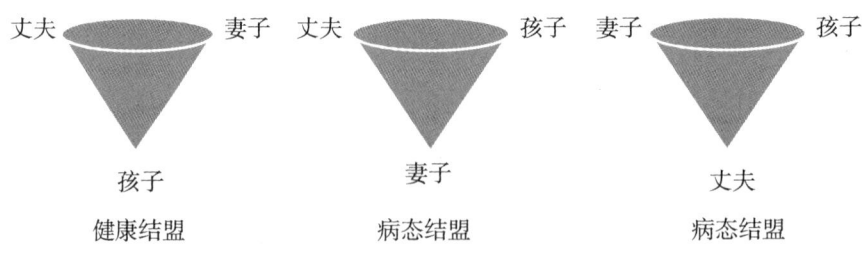

图5-4 夫妻的健康结盟与病态结盟

成千上万的案例可见,夫妻一旦能够自省,调整位置,当好"妻子"和"丈夫"的角色,形成健康养育联盟,对孩子的养育有着立竿见影的效果。夫妻之间的交流内容不能仅限于孩子,更要注重给予对方需要的情感。男人渴望"被感激、被欣赏、被崇拜",女人渴望"安全感、被重视、被宠爱"。两人之间互相体贴,互相满足,互相包容,互相欣赏,家庭就会有更多的爱与和谐。《父母规》中倡导夫妻"同心力,利断金,同心言,臭如兰。同心容,容如亲,同心赏,赏如宾"。

案例分享

A女士当了8年全职太太之后重返职场,先生为了支持太太安心工作,就承担起了照顾孩子的大部分工作。但是因为既要工作,又要照顾孩子,先生每天都身心疲惫,忍不住向孩子发脾气。A女士每次回到家,都收到分别来自先生和两个孩子的投诉。无论A女士如何调停,先生和孩子之间的冲突总是一波未平,一波又起。A女士意识到自己没有扮演好"妻子"的角色,于是决定站回位置,首先照顾丈夫的情绪,而不是去做丈夫和孩子之间的调停者。

有一天,先生回到家,闷闷不乐地坐到床上,不像往常那样第一时间去厨房做饭。A女士也决定先不急着做饭。她坐到床边,轻轻地问先生:"今天怎么看起来很不高兴?发生什么事情了吗?"先生告诉太太,原来是因为单位年终奖分配方案出来了,自己被一位非常计较的同事排挤而受到了不公平待遇,感到很愤怒。太太安慰先生说:"这么计较的同事,你觉得他的生活过得轻松快乐吗?他一定会处处都觉得别人占了他便宜。"先生说:"是啊!我看他平时就没怎么笑过,一定过得不快乐!"太太说:"那你还值得为这种人让你的全家人都陪着你生闷气吗?""当然不值得!"先生听完感觉茅塞顿开,马上从床上起来,开心地去做饭了。

当天晚上,到了睡觉时间大女儿还不肯睡觉,突然哭了起来。如果是往常,先生一定是马上训斥女儿了,但是这一次,先生就像太太安慰自己一样,开始温柔地问孩子:"为什么哭呢?发生什么事情了?"大女儿说:"我觉得爸爸偏心,晚上起来上厕所,爸爸会给妹妹照灯,不会给我照灯!"先生耐心地说:"原来你是这样想的啊?对不起,爸爸以为你能看见,就没有给你照灯。爸爸爱你,跟爱妹妹是一样的。爸爸觉得你很棒,做手工很厉害,写字也很好看,平时还会照顾妹妹,比爸爸小时候做得都要好。"听了这番话,大女儿不哭了,安心去睡觉了。

从上述案例中可见,当A女士能够当好一个妻子的角色,给予先生情感上的支持时,先生也能从中获得学习,当好丈夫和父亲的角色。爱就是这样传递,家庭重新恢复有序的状态。

(二)母亲多给予慈爱、安全感与自由

孩子出生之初,妈妈必须时刻照顾着婴儿,才能保证婴儿可以存活下来,这是孩子安全感和归属感的来源。慢慢地,随着孩子长大(6个月大,尤其是断奶后),妈妈要把注意力逐渐分配到其他地方,照顾孩子身体的事情逐渐减少,但关注孩子的行为则越来越多,重点的工作就是帮助孩子一步步分离,一步步独立,直到成人之后。妈妈要有这样的发展观和边界感(图5-5)。

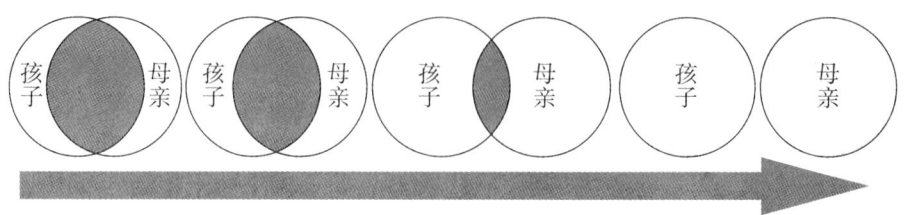

图5-5 母亲与孩子的交互部分随孩子的年龄增长的变化

心理学家温尼科特说:"养育自己的宝宝完全是母亲个人化的事情,做这项工作,没有其他任何人可以取代妈妈,也没有任何人能做得像亲生母亲那样好!"母亲要有自信能够照顾好孩子,保持好与孩子的情感联结,才能通过观察学习来适应和养育孩子。对自己的期待不会太苛刻,分清哪些是必须做的、哪些是可以努力但目前做不到的、无论自己怎么努力都做不到的,有所取舍,不会盲目跟风或自我贬低,这样才能与孩子保持情感的流动,给予孩子爱和安全感,并为孩子创造合适的空间去体验这个世界,体验周边的环境,让孩子发展出有深度、有广度的人格。

(三)父亲多给予威严、指引与勇气

爸爸和妈妈的功能是不一样的。爸爸对孩子身体上的照顾和身体联结没有那么深,但爸爸在孩子成长过程中的作用也是不可或缺的。爸爸具有很强的社会功能,通过自己的劳动获取报酬,并为家庭提供安全舒适的居住环境和物质条件。这对于维持一个家庭的稳定来说至关重要。爸爸同样具有很强的情感功能。爸爸可以照顾好妈妈的身心,这对于妈妈来说是非常重要的心理支持和体力支持。

温尼科特认为在儿童早期:"爸爸必须进入小孩的世界,孩子因此而生出嫉妒、爱,或爱恨交加的情感,为日后应对外部现实的困难打下了坚实的基础。"

随着孩子年龄的增长,父亲的力量会显现出来,会让孩子变得向往,从嫉妒、恨、羡慕到爱。当爸爸每次有限时间里的陪伴是全身心投入的,表情动作丰富的,爸爸就能给到孩子父性的力量。而爸爸分担家务、努力工作的样子也会成为孩子"自力更生"的榜样。在玩耍中,身体的运动需要很多的意志参与,父亲在身旁的保护和鼓励,会让孩子生发出勇气和力量。父子与父女关系将会影响孩子未来与"权威"的关系,尤其是与老师、与上司的关系。父亲树立权威,能帮助塑造孩子的健康人格、格局和道德修为,影响孩子的一生。

案例分享

有一个人,他的爸爸一生没有当面表扬过他,交流也很少。当时的年代大学热门专业是外贸、外语之类,就业又好、工资又高。他想报的是北京大学东方语言文学系梵文巴利文专业。大家都反对他,因为他学习成绩非常拔尖。只有他爸爸跟他妈妈说:"你告诉儿子,他只要真喜欢,将来没工作我养他。"在父亲的支持下,他坚持了自己的理想,专心研究学问,并且最终成为了复旦大学历史系教授。他觉得父亲对他做的已经足够多了,给到了他想要的底气和勇气。

当孩子碰到困难不断往后退时,身后有一堵墙能把他挺住,这是父亲该有的一个角色。父亲应该在孩子需要的关键时刻,在孩子遇到困难的时候发挥价值。

四、顺应"家庭生命周期"的发展

美国心理学家格里克认为,每个核心家庭都有其"家庭生命周期",从两夫妻结婚到两夫妻都去世,整个家庭生命周期前后有6个阶段(图5-6):形成期、扩展期、稳定期、收缩期、空巢期、解体期。在不同的家庭生命周期,家庭的成员、功能、任务等各不相同,往往前面阶段的任务完成得越好,后面阶段家庭生活就会过得越轻松和幸福。反之,问题积累越来越多,矛盾和冲突的爆发越激烈。

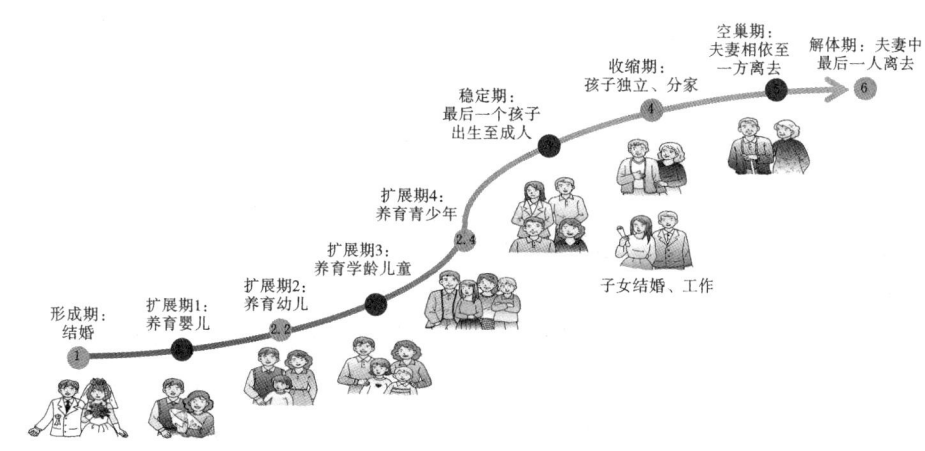

图5-6 家庭生命周期

形成期是家庭生命周期的开始,通常在婚后1年左右,有些家庭孩子出生得晚,这个时期就会更长。米纽庆认为,形成期的夫妻有四大任务需要完成。

1.生活习惯的磨合 在大量的日常琐事上互相适应,比如就寝和起床等作息时间、吃饭的品位、家务清洁等的协调。

2.发展出良好的沟通交流模式 这是一套具有家庭特色的模式化的交流方式。

3.与各自的原生家庭分离 新婚夫妇需要尝试与各自的原生家庭和姻亲发展出不同以往的关系。第一序位的忠诚要从父母转移至配偶身上,而原生家庭应接受并支持。

4.重新组织和规划家庭外部事务(工作、职责与娱乐) 新家庭必须决定,家庭外的世界什么情况下才被容许介入新家庭的生活,例如认识对方的朋友,并选择共同朋友的人,每一方都会增加一些新朋友并失去一些老朋友。

家庭形成期四大任务完成得较好的夫妻,在孩子出生后会省下很多麻烦,例如当夫妻双方在教育孩子方面有分歧的时候,会懂得互相聆听、充分表达、相互包容与退让,通过良好的沟通达成一致,不至于让孩子处在"分裂"和"不知道该听谁"的状态。因此,近年来民政部门为新婚夫妇开展的《新婚第一课》,让年轻的夫妇学习家庭形成期的四大任务,有利于双方达成一致,维持家庭关系的和谐稳定,并为接下来的幸福生活打下坚实的基础。

五、父母角色与功能的变化

随着孩子的发育成长,孩子的生存技能越来越强,自主性越来越高,父母适应得越来越少,关注的目光也会越来越少(表5-1)。父母的角色需及时调整。

表5-1 孩子不同年龄阶段父母角色与功能的变化

孩子年龄	父母角色变化	父母主要功能	"教练式父母"的位置
0~6岁	父母	管理者,照顾者	驾驶座上
6~12岁	父母+朋友	逐步放手,但仍以管理为主	副驾驶上
12~18岁	朋友+父母	指导者,提供建议,但尊重孩子的意见	后座
18岁以后	朋友	不提建议,非必要时不出手	下车

1. 在孩子0~6岁 父母主要是管理者、照顾者,一切的照料都由父母来做决定。当然,这里的"做决定"并不代表不用管孩子怎么想。父母还是需要观察孩子的需求,但不是从孩子口头上的需求出发,而是从孩子成长的规律和未来发展的需要综合考虑,做出判断和决定。例如,孩子生病了依然哭闹着吃雪糕,父母必须守住"底线","温柔而坚定"地拒绝,不需要讲道理,因为这个年龄段的孩子听不懂。父母就像司机把握方向盘,不能随便听孩子指挥,不能让孩子越位。

2. 在孩子6~12岁 父母就像园丁一样,只需要营造一个良好的环境,孩子就像植物一样吸收环境中的"阳光、雨露、土地营养"。这个时期的父母还多一个朋友的角色,拥抱孩子自我意识的出现,让孩子充分表达自己的意愿。此时父母的位置像是换到了副驾驶,让孩子学着为自己的事情做主,养成良好的学习和行为习惯,但依然要给予明确而详细的指引,关键时要提醒甚至帮他们及时刹车,"父母"的功能仍然是主导。

3. 在孩子12~18岁 父母主要是指导者,即"父母"的角色往后一点,朋友的角色往前一点,坐到了"汽车的后座上"。青春期这个"暴风雨期",孩子一生中最渴望同伴关系、也最容易受同伴拉拢或排挤的时期,父母需要更多地倾听孩子、引导孩子,并在关键时刻及时出手,成为孩子坚强的后盾,避免孩子受社会不良影响而误入歧途。

4. 在孩子18岁以后 父母主要是知己,即理解彼此的朋友。孩子为自己的未来做决定,并为这些决定负责。父母像朋友一样倾听他的心里话,尊重、鼓励并予以支持。这样家庭教育才能成功完成亲子的分离、孩子的完全独立。

如果父母能够及时根据孩子的年龄增长调整自己的角色定位,不会角色僵化,那么就可以很好地陪伴孩子度过各个时期,自然地发展(图5-7)。

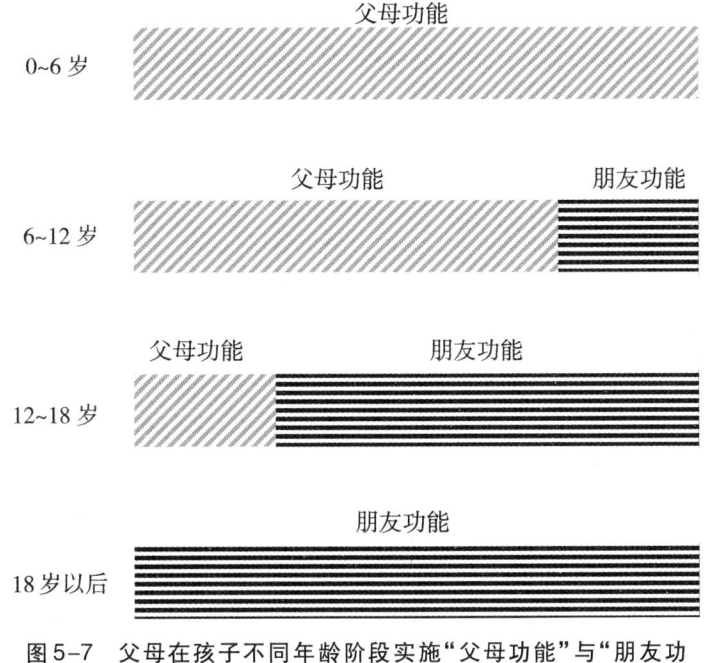

图5-7 父母在孩子不同年龄阶段实施"父母功能"与"朋友功能"的比例变化

六、弹性——家庭拥有自我修复能力

米纽庆说过:"我并不觉得任何一个家庭是理想的或者完美的,每个家庭都会遇到各种问题。如果一个家庭有办法去面对和解决各种问题,修复我们的关系,就是一个足够好的家庭。相互影响的家庭是变化的,有发展的曲线。好的家庭是一个能够自我修复的系统。"

一个具有自我修复的家庭,通常也是"成长型的家庭",这一类家庭在大多数时候氛围是温暖的,当然也会有在某些时候有陷入低谷,但他们能够及时反省,寻找解决的办法,当一个方法行不通的时候,能够创造性地尝试不同的方法,最终解决问题,把家庭状态调整回来,达到动态的平衡。

而自我修复能力较弱的家庭,就是僵化型的家庭。僵化型的家庭氛围是冰冷的,难以变通的,一旦遇到困难就很有可能停滞不前,或者互相纠缠,使整个家庭在大多数时间里互相煎熬(图5-8、表5-2)。

忍受煎熬，家人之间共处只是为了履行义务　　家是爱的港湾，互相理解与支持

图 5-8　僵化型家庭与成长型家庭

表 5-2　僵化型家庭与成长型家庭多数时候的区别

维度	僵化型家庭	成长型家庭
家庭氛围	让人不适，令人不安，死气沉沉	让人舒心、有活力、和谐
生理反应	身体僵硬，脸色阴沉，声音尖锐，呢喃不清	表情放松，声音富有弹性
沟通方式	彼此躲避，相互漠视	自由倾诉，乐于倾听
相处模式	等级模式：父母打压	成长模式：父母引领
教育方式	指责、惩罚	共情倾听心声，关爱和理解，再选择适当的时机讲道理
面对困境	陷入混乱、互相指责	乐观接受，努力调整

七、实训科目：家谱图和家庭雕塑

（一）家族传承探索工具——家谱图

家谱图是由一系列的符号和文字组成的，能反映家庭结构、了解家庭信息和展示家庭关系的图解，最早由 Bowen 发明并用于家庭治疗。家谱图是一个有用的治疗工具，使得治疗师与家庭成员都能清楚了解家庭在多世代间的情绪历程。家谱图为树状结构图，提供信息包括姓名、性别、年龄、职业、文化程度、同胞位置、关系、婚姻状态、重要生活事件，至少追溯到求助者的前三代。不仅将核心家庭简单地表示出来，而且还提供了夫妻双方原生家庭的信息（图 5-9）。指导师可以通过访谈，帮助家长/来访者完成家谱图绘制，并探索家族故事、动力、关系、传承、趋势等（图 5-10）。

第五章　家庭结构与系统平衡艺术

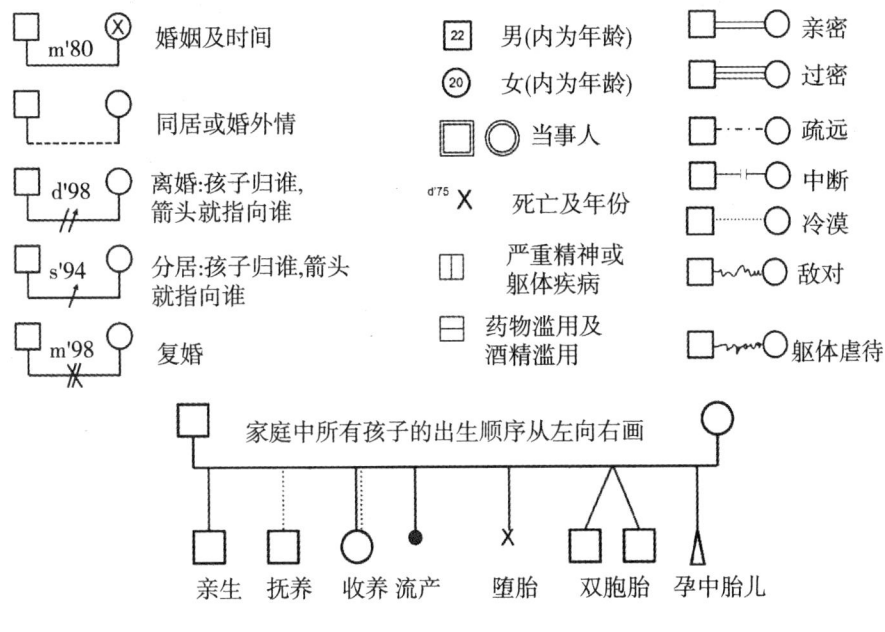

图 5-9　家谱图说明

第一步,先邀请家长来绘制自家三代以上的家谱图(图 5-10)。

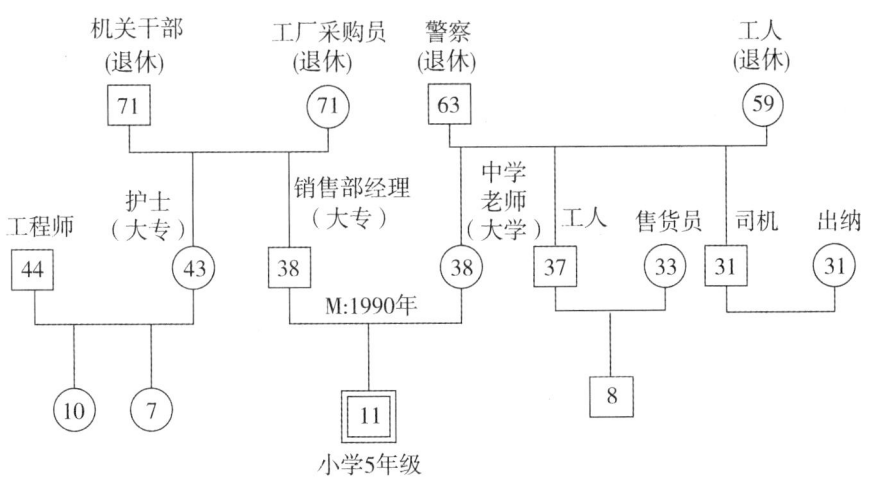

图 5-10　某 11 岁男孩的家谱

第二步,按以下思路讲述自己和伴侣的家族故事。可以自问自答,也可以跟伴侣或朋友以一问一答的形式进行。第一步和第二步可以同时进行,即一边讲故事,一边画家谱图。

(1)讲述案主的原生家庭:你的原生家庭里的每个成员分别是什么样的人?他们的

夫妻关系如何?与他们每一个孩子的关系如何?孩子之间的关系如何?

(2)讲述配偶的原生家庭:你配偶原生家庭里的每个成员是什么样的人?他们的夫妻关系如何?与他们每一个孩子的关系如何?孩子之间的关系如何?

(3)讲述核心家庭:你和伴侣是怎么结婚的?当初他(她)吸引你的是什么?你们夫妻之间的关系怎么样?孩子们之间的关系如何?你们夫妻俩和孩子之间的关系怎么样?孩子除了跟父母之外,还跟谁比较亲近或比较敌对?

(4)探讨:从家族故事中,可见每个人物拥有什么样的资源?经历了哪些"幻灭"的过程?他们是否接受现实,对于丧失是否都完成了"哀悼"(即心理上的告别)?

(5)请从家谱图及你的回忆中思考,从祖辈到父辈,他们的三角关系是病态结盟还是健康结盟?是否存在代际传承?这些传承对你的影响是什么?你希望如何改变?目前处在家庭生命周期的哪个时期?前面的任务是否完成?当前任务是什么?

(6)在家庭治疗师(或其他专业人员)的带领下,做家族正念冥想。

家族正念冥想

请把你刚才所画的家谱图竖起来,放在你的眼前,凝视这份家谱图几秒钟。你可以移动一下,靠近一点看,再放远一点看,再凝视几秒钟。

我邀请你轻轻地闭上眼睛。请跟随我的指引,做3次深呼吸,深深地吸气,用鼻子吸气,用嘴巴呼气。很好,再来一次,深深地吸气,再缓缓地呼气,深深地吸气,再缓缓地呼气。现在我们可以自然地呼吸。

现在,在你的脑海里,出现这样一个画面,你站在一面很大的墙边,墙上正是你的家谱图。这幅图很大,比你还高,图上每个人的位置上正好显示着对应的照片。照片是那样逼真,这些亲人面部的表情动了起来。你慢慢地往后退几步,好让自己能够看到这幅巨型家谱图的全景,看到每个人的面容。你慢慢地从上往下看,与每一位亲人进行联结。

他们中有些人让你感到舒服,他们充满着爱,那么温柔,那么幽默,那么灵动。你忍不住伸手去拥抱他们,对他们说谢谢你,谢谢你给了我生命,谢谢你给了我幸福的回忆。

他们中有些人让你感到陌生,你不知道该如何去面对他们,也不知道他们经历了怎样的人生。你忍不住跟他们去握握手,对他们说:"好久不见,如果可以,我想听听你的故事。"

他们中有些人让你感到愤怒、委屈、无奈、失落,你不想看到他们,你深吸一口气,大力地呼出来,你对他们说:"对不起,我无法按你想要的那样去走,我有我的路,请尊重我的选择。"

或许你还有一些话想对家族里的某个人说,没有关系,走过去跟她说,跟他联结。

有些人已经离你远去,那就跟他好好告别。有些人还在你身边,那就跟他好好相处,告诉他:"我们都站好自己的位置,过好我和我们的生活,我爱你。"

当你跟家族中所有人都完成了联结,我邀请你再次站到家谱图的前面,深深地鞠一个躬。这是一份厚重的历史画卷,这是一份家族庄严的契约。你把这幅图慢慢地卷起来,缩小了,放在一个书柜的抽屉里。把抽屉的柜子轻轻地关上。

当你觉得可以的时候,就慢慢回到当下,慢慢睁开你的眼睛。

这个冥想帮助我们在内在与自己的家族进行联结。有一些体验者反馈这个过程中获得了很多力量,譬如更加感受到自己的归属感和使命感,能够与原生家庭有了和解,等等。

(二)家庭结构探索工具——家庭雕塑

家庭雕塑是由美国心理学家萨提亚开发的一项重要的家庭治疗技术。在结构式婚姻家庭治疗中,参与者利用空间、姿态、距离和造型等非语言方式,生动形象地活现被治疗案主的家庭系统、结构、边界、家庭成员的互动关系场景,协助成员停止使用超理智、否认、争吵或退缩等应对方式,从而可以改变案主固守的知觉、情感与信念,寻找新的可能性。结构式家庭治疗师黄晓芳及其团队在萨提亚家庭雕塑的基础上,结合国人的思维与学习特点,开发出了一种新的团体家庭雕塑的流程,来帮助案主探索自身的家庭结构和动力,流程如下。

1. 指导师向全体成员介绍家庭雕塑的含义,并与所有参与者签订保密协议:"在接下来的家庭雕塑过程中,所有发生的事情任何人都不能泄露,并且不能在结束后互相讨论。这是出于对案主的信息保护,也是十分重要的尊重。"

2. 由一名成员自愿成为案主,并与指导师完成基础资料的收集。

3. 指导师画出家谱图,展示在白板或黑板上。

4. 案主向全体成员简单讲述自己的家庭故事,以及当前想解决的问题(诉求),例如孩子拒绝上学。

5. 指导师向全体成员补充说明案主的家谱图,以及家庭中重要成员与案主的关系。

6. 案主与在场的其他成员进行眼神的交流,凭自己的感觉,选出扮演自己重要家庭成员的角色,对每一位被选中的伙伴说:"我可以邀请你扮演我的父亲/母亲……吗?"被选的伙伴有权接受或拒绝扮演。

7. 选完所有角色后,指导师引导案主摆出家庭成员之间的身体距离,以代表两两之间的"心理距离"。然后案主说出家庭成员中哪些人之间存在"指责""讨好""回避""超理智"的应对方式,随之邀请扮演者做出相应的动作。①指责:一只手或两只手直指对方,代表强烈的指责;或者弯曲手肘,代表程度较轻的指责。②讨好:作捧手状,示好。③回避:转过身去,或侧身。④超理智:双手交叉抱着自己。

8. 当确认完所有人的姿势后,指导师邀请所有扮演者进入身体的静止状态(像雕塑一样),并感受当下自己作为该角色的感受。

9. 扮演者举手发言,表达自己当下作为角色的真实感受。例如"我觉得很冷/孤单/烦躁……"如果扮演者出现评判性的语言,指导师及时引导他们回归当下的感受。

10. 案主当时如果有触动,指导师可以与案主有简单的探索与对话。

11. 第二摆:指导师邀请扮演者按照自己最舒服的感受移动位置并发表感受。

12. 第三摆:指导师邀请其中一位扮演者来主导,摆出他认为最好的家庭雕塑。

13. 当指导师发现第三摆也仍然存在系统间边界不清的情况,则可引导案主摆出边界清晰的家庭雕塑,各成员发表感受。

14. 雕塑完毕,所有扮演者排成一列依次把角色标签交到案主手上"归还角色",并跟她说:"我不是你的父亲/母亲……我叫……(自己的真实姓名),我祝愿你……"

15. 所有成员坐好,指导师做整个雕塑活动的总结,并结合家谱图、前面扮演过程中呈现出来的关键互动模式进行剖析,并解答团体成员的疑问。指导师引导全体成员思考,孩子的"问题"与家庭之间的关系:"在家庭雕塑过程中,我们可能会看到家庭关系中系统间边界不清,个人与个人之间边界不清,以及整个家庭处于僵化、纠缠的状态,即这个家庭'生病了'。这种家庭或许是原生家庭过多介入了核心家庭,子女脱离了子女子系统进入了父母子系统。或许是家庭成员之间边界模糊,父代母职或母代师职或子代父职等,导致矛盾重重。"

另外,在家庭治疗中,治疗师也常用家庭雕塑来呈现和重构家庭成员之间的关系。例如在一次一家三口的咨询中,治疗师邀请他们进行三摆的雕塑(图5-11):①爸爸扮演女儿,女儿扮演妈妈,妈妈扮演爸爸。②爸爸扮演妈妈,妈妈扮演女儿,女儿扮演爸爸。③爸爸、妈妈、女儿分别演自己。

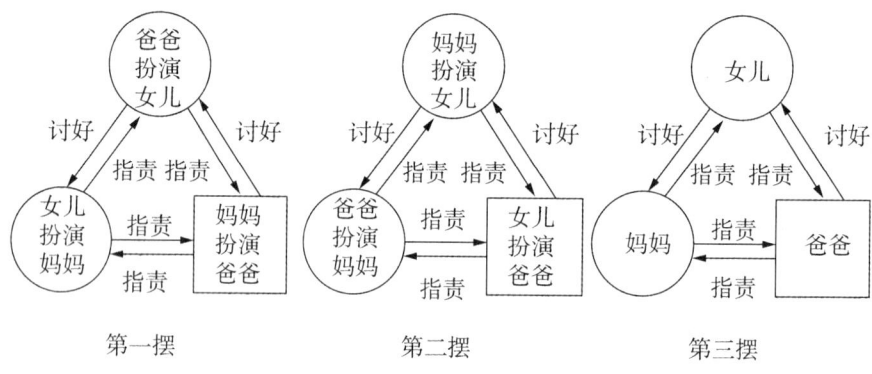

图5-11　家庭治疗中的家庭雕塑

在每一摆中,每个人都做出对另外两个人的应对姿态,在静止的10秒钟内,感受角色当下的感受,并表达出来每一位家庭成员都体验到了换位思考,并重新梳理自己的亲密关系,从而走向新的可能。最后,女儿感悟:"我体会到了妈妈的疲惫、爸爸的无奈,我想对他们说对不起,我也不想这样。我想我会为我的人生负责,不用他们这么辛苦地操心……"

第二节　不同家庭形态下选择不同的教育重点

每个家庭因为各种各样的原因,会呈现出不同的系统动力,我们应当实事求是,帮助不同形态下的家庭找到个性化的教育重点,有针对性地帮助不同的家庭。

一、独生、二胎、多胎家庭

心理学家阿德勒的一个重要杰出贡献之一,便是"出生顺序是童年期重要的社会影响"的观点——我们从童年期开始就在创造我们的生活风格。阿德勒提到4种情况:老大、中间子女、老幺和独生子女。对待这4类孩子有不同的家庭教育重点。

老大,作为家里的第一个孩子,通常听话、懂事、负责、尊重权威、顺从,对自己的地位容易焦虑和紧张,需要花较长时间排遣不愉快。家庭教育的重点是邀请老大把对自己和别人的要求标准都放低些,试着直接地表达需求:"如果你想要一样东西,可以直接说出来,不用通过讨好别人来获得。"

中间的子女,可能是受出生顺序影响最大的孩子,当作为家中最小成员的位置被取代,这种冲击让他们一直努力寻找自己在生活中的存在感。他们擅长和所有类型的人打交道,常常成为技巧高明的谈判人如外交家、秘书、律师等,拥有智慧与耐心,长大以后他们的婚姻通常很美满。家庭教育的重点是帮助中间的孩子建立边界感:"你需要经常冷静地考虑自己真正要什么,并且有被讨厌的勇气。"

老幺,他们永远是家里的宝贝,可爱、任性、乐观、幽默、多才多艺,容易成为好的合作伙伴、销售人员;常指望得到别人的主动帮助,迟迟不愿意长大,常会违反父母的期许、不讲规矩;常常迟到、拖延,习惯逃避责任,处于领导者位置时常会感到不知所措,难做决定。家庭教育的重点是帮助老幺在必要时负起更多责任,"靠自己长大起来"。

独生子女,他们一般早熟,在学校表现很好,容易自得其乐,不会企图控制别人,因为在很小的时候就跟随父母接触成人世界,善于结交比他们年长很多的朋友,却失去孩子的天真与顽皮,和其他同龄孩子的社交有隔阂。长大后比其他孩子更依赖父母,对同时适应过多伙伴感到困难,需要花更长时间才能从家里搬出去,也更难建立完美的婚姻——他们总是假设伴侣知道自己的感受。对独生子女家庭教育的重点是避免过于溺爱,注重同龄伙伴之间的相处之道,应创造条件在邻里之间帮孩子找个年龄相仿的伙伴多在一起玩。"事情不会都照你的意愿发展,有时候让别人参与一下,会很好玩。""小时候你常被别人照顾,现在试试反过来,体验一下照顾别人那种不一样的收获与乐趣。"

在生活中的衣食住行,兄弟姐妹之间都要争个高下。父母首先要意识到同胞竞争是有助于孩子社会化发展的,父母可以弱化家庭中的竞争,设定公平的规则,让孩子学着按规则办事,而不是强硬要求和讲道理。父母通常进入的误区是"哥哥姐姐就应该让着弟弟妹妹的观念"。殊不知这样的观念会给孩子留下深深的心理创伤。最好的做法是让孩子们自己探索出来相处的方法,这才是根本的解决之道。以下以二胎家庭为例。

1. 理解老大讨厌老二是正常的 突然之间出现的弟弟或妹妹,把全家的关注点都从老大身上带走了,他们在这种心理意义上的"丧失"是一种创伤,是必然的,但同时也是一份礼物,帮助发展孩子分享爱的能力。尤其是老二出生的前3年还没有自我意识的时候,不能跟老大玩在一起,老大更需要父母的关注。可以在老二没出生之前,就开始给大宝做各种思想工作,讲述他小时候就是这样住在妈妈肚子里的,小宝宝给整个家带来乐趣,引导大宝去照顾和爱护二宝,当二宝出生时,大宝就会更容易接受一些。

2. 无条件地接纳老大,帮助老大由"恨"转"爱" 父母需要做的是当一个稳定的客体,接纳他的"恨",让孩子明白"无论你多讨厌弟弟妹妹,无论你多恨爸爸妈妈,爸爸妈妈依然爱你,无条件地爱你,永远不离不弃。"这样,老大的"恨"或者"爱恨交加"就会慢慢转化成"爱",因为他慢慢明白并且相信,父母是爱他的,他不需要通过痛苦的"恨"来获得"爱"。只有老大确认老二的到来不会抢夺走父母对自己的爱时,才会开始从心底里接受和爱护老二。

3. 邀请老大参与到共同照顾老二的工作中来,发展出责任感　父母要善于用"邀请"的姿态和语言,请他帮忙拿个东西,帮忙看一眼。例如两个孩子在抢玩具时,在保证安全的前提下,父母可以把玩具交给老大,由老大来决定这东西怎么办。其实,当老大一旦拿走了玩具自己玩儿的话,大人会发现他可能会"不好意思",自然发展出内疚感。"这个吃的是你们俩的,然后你来决定怎么分吧。"如果老大把食物都吃掉了也没关系,父母就平静地看着他,然后第二次还交给他分。他们在这个过程当中就会知道了"爸爸妈妈挺在乎我的感受的,挺在乎我的。所以既然让我来决定,我肯定也不能亏着弟弟或者妹妹"。

4. 父母公平对待孩子,安排专门的一对一"联结"时间　都说掌心掌背都是肉,理论上父母对每个孩子都是一样的情感。但在实际生活中,难免会觉得有的孩子乖巧灵活,而有的孩子就会反应迟缓一些。如果对某个孩子表现出更多的喜欢,难免会使另外的孩子产生失落感,家长在语言和行为上要避免这样的偏袒。老二出生之后,要定时安排家长单独陪伴老大的时间。例如每天安排15分钟,或者每周半天的时间,把老二交给其他信任的人照顾,父母与老大单独相处,一起玩,一起散步,或一起逛街。

当孩子们都长大一些,比如都在幼儿园了,那么这个单独相处的时间就要分配到每个孩子的身上。如果父母都比较忙,每次时间可以短一些,但需要有高质量的陪伴。不要随意被电话中断,也不要看电视之类的。与孩子一起聊天,讲故事或者一起做饭等,有情感的交流,有"心是在一起的"感觉最重要。

案例分享

一位忙碌的职场妈妈,每次下班回到家,都被两个孩子"争宠"搞得焦头烂额。经过家庭教育学习后,明白了与孩子单独"联结"的重要性,她决定把每天开车送老大上学的方式,改成了与老大一起步行的方式。母子俩边走边聊,谈天说地,老大非常开心。晚上老大写作业的时候,这位妈妈就先带老二上床讲故事,回顾一天当中发生的趣事,然后熄灯睡觉。坚持了一段时间的一对一"联结",两个孩子在心理上获得了满足,关系和谐了很多,还发展出了互相谦让和互相照顾的品质。

5. 让孩子们自己处理冲突　兄弟姐妹之间的冲突,正好是他们未来进入学校和社会处理人际关系的练兵场。如果成人急于插手,充当"法官"去评判谁对谁错,这时就一定有孩子是感到不被父母接纳的,不仅情绪无法释放,还可能会越来越高涨,冲突继续升级。又或者等父母不在的时候,报复对方,进入恶性循环。被认为是"对"的孩子则可能因而依赖父母,未来在人际关系中就容易处于被动的位置。

孩子们冲突发生时,家长可以多些耐心,在旁观察但不插手。只要安全没有出问题,孩子之间会慢慢摸索出"相处之道"。可能前一秒还在打架,下一秒就互相喂糖果吃了。孩子比成人更容易"活在当下",情绪发泄完了,马上就会盘算着还有新的好玩的东西,就又跟别人一起玩了。独生子女之所以在人际交往和亲密关系上有劣势,是因为多子女家庭长大的孩子通过"打打闹闹"自然习得了很多生存技能,懂得了包容与放下,这些是花钱也买不到的宝贵经验。

案例分享

一位40岁的妈妈带着8岁的儿子带到心理咨询室,主诉的问题是儿子总是跟他10岁的姐姐争宠,并且欺负2岁的弟弟,处处跟妈妈作对。妈妈非常头痛,虽然自己看了很多育儿书,知道自己有很多问题,但是千头万绪,不知道怎么做。咨询师带母子俩玩了亲子沙盘游戏,在现场互动中看到孩子其实非常爱妈妈(用白雪公主来代表妈妈),渴望妈妈的关注,但妈妈非常焦虑,总忍不住去控制和干预孩子的想法,让孩子感觉到压力很大,于是想用各种方式来发泄和报复妈妈(把很多蛇、虫、鼠、蚁放在白雪公主旁边)。

这位妈妈经过了一系列的调整,理解了"冲突"的价值,小范围尝试让孩子自主解决"同胞竞争"的问题,同时合理安排与每个孩子单独相处的时间。过了不到1个月,孩子的行为明显得到了改善,不再与妈妈针锋相对,并且与姐姐和弟弟的关系也非常融洽。

二、隔代养育与留守儿童家庭

孩子在父母身边稳定地生活和成长当然是最好的,尤其是3岁之前。但由于父母工作过于忙碌,因现实问题不得不把孩子交给祖辈抚养,或者祖辈作为主要照顾者的情况非常多见,被称为"隔代养育"。有的孩子与父母分开生活,一年见面的机会仅有几次,被称为"留守儿童"。这种情况下父母与祖辈之间的信任与协作,尤为重要。

1. 充分信任祖辈的照顾　父母是做决定的人,既然把孩子托付给祖辈照顾,那么就要充分地信任他们。如果不认同祖辈的教育方式,那么就不要把孩子交过去,而是聘请保姆,要求保姆按照自己的想法来做。祖辈的教育方式,只要不是会对孩子造成严重身心损害的,大体上都可以接受。一旦失去了信任,两代人相互之间把孩子作为证明"自己是对的,对方是错的"权力斗争的工具,有指责、抱怨等,孩子会很"撕裂"。

2. 感恩之心与非暴力沟通　祖辈年纪大了,辛苦了大半辈子,本该是安享晚年了,现在又来照顾孙子孙女,其实并不容易。父母要常怀感恩之心,对祖辈的无私付出表达感激之情。孩子看到上两代人之间的互相尊敬与感激,会得到更多的安全感,并由此学会感受爱与表达爱。世界上多一个或者几个很爱自己孩子的人,作为父母,也应当感到欣慰。在表达自己的意见时,可以用非暴力沟通的方式进行,通常老人是愿意改变的:第一步观察:"妈,看到你为了外孙操碎了心,帮他做了很多事情,还忍受他各种发脾气……"第二步感受:"我一方面很感动您的付出,一方面又担心……"第三步需求:"我希望孩子懂得为自己的事情负责,以后长大了即使离开我们,他也能很好地照顾自己,跟别人好好相处。同时我也希望您能更加轻松。"第四步请求:"我想请您跟我一起,商量一些办法来引导他'自己的事情自己做',学会为自己负责吧!"老人感受到自己被理解,就更容易接受建议了。如果老人实在无法按父母的想法调整,那么就如上面所说,要么接受,要么想其他办法把孩子带回自己身边养育。

3.亲子沟通　即使把孩子交给其他亲人代为照顾,父母在情感上依然要"在位",跟孩子保持良好的沟通,在有限的相处时间里面尽量全身心地陪伴孩子。当孩子感觉到父母"无条件的接纳",感到安全和温暖,那么即使相隔万里,这种情感也会深深地印刻在他们心里。例如曾国藩虽然长年在外担任公职,工作非常繁忙,很少能见到自己的孩子,但是他保持每天写书信,给妻子和子女以及兄弟族人分享自己的经历与反思,他与孩子在精神上有很多共鸣,亲子关系非常好,而这些书信也流传了下来,成为中国家庭教育的典范之书。曾氏家族的精神也代代相传,人才辈出,值得我们借鉴。

案例分享

在一次留守儿童的专访中,一个孩子眼睛是亮的,充满着童趣,他说:"每一个假期,爸爸妈妈都把我从老家接到上海他们工作的地方,在休息日带我去看上海是什么样子的,参观上海的博物馆、一起拍照。"他家里枕头底下压着一个翻得有点烂的相册,是他跟他爸爸妈妈在东方明珠等景点的各种合影。他说:"我想他们了就看看这个。"记者李小萌问:"你想让他们辞掉工作回来陪你吗?"他说:"不,我爸爸说了我们各自努力,他们负责挣钱,我负责好好学习。"他的妈妈每次打电话一般都是让他说,妈妈用心地聆听。他心里没有觉得自己被抛弃,反而有一股向上的动力。

4.处理婆媳矛盾与岳婿矛盾　如果三代同堂住在一起,三代人之间很容易出现边界不清、互相纠缠的情况。通常会发生在婆媳之间、岳婿之间。因为生活习惯、养育理念不同,相互之间表达不同意见,甚至争吵。家庭成员需要认识到"一个家庭存在分歧和矛盾是正常的"。当父母上班时,孩子由祖辈照顾,就按祖辈的做法来,父母不插手、不干预、不指责。当父母下班回来时,孩子就交回父母来照顾,这时就按父母的做法来,祖辈不插手、不干预、不指责。如果爷爷奶奶来干预,那么爸爸这时负责维护两夫妻的养育主权,与爷爷奶奶沟通,帮助清晰两代人之间的边界。如果外公外婆来干预,那么妈妈这时就应主动沟通,维护养育主权,厘清边界。每个人都与自己的原生家庭处理好关系,而不是让伴侣陷入婆媳大战或岳婿大战中。当父母能够"温柔而坚定"地与祖辈清晰边界,各归其位,各司其职,那么随着时间的推移,祖辈也是会接受并配合的。

如果操作不了,可以借助专业家庭治疗师的力量,在家庭访谈中进行,事半功倍。

三、离异家庭与重组家庭

离婚是一个家庭迫不得已的选择,婚姻破裂,随后出现的一系列问题都需要认真面对和解决。其中孩子的教育问题就成了重中之重。对子女的教育是父母双方的责任,缺少一方,有些作用是难以代替的。有研究表明,父母离异,往往让孩子感到孤立无助,对家庭失去信任,转而投身社会,寻觅知音,极易误入歧途。有些孩子甚至对家庭产生抵触情绪,出现说谎、攻击等不良行为。有统计显示少年犯中离异家庭孩子占到40%。由于父母离婚后,孩子由一方照顾,孩子易形成人格的单性化:抚养孩子的一方可能会溺爱孩子,对孩子过度保护,孩子往往缺乏独立性、任性、偏执,被动而胆怯;没有抚养权的一方可能对孩子态度冷淡,对孩子的教育机械、强制,易使孩子冷酷好斗。

离婚并不代表无法教育好孩子。《亲密关系》一书提到"如果儿童能够在父母离婚后维持与父母高质量的亲子关系,那么毫无疑问,他们不会太受离婚的影响。"那么,在单亲家庭,家长应该怎样实施教育呢?

1. 不说另一方的坏话　否定父母中的任何一方,都会让孩子陷入自我否定之中。系统家庭治疗理论认为,无论父母的形象如何,是否爱孩子,孩子在潜意识里都会对他们有着"忠诚"。哈洛的恒河猴实验说明了孩子对"坏妈妈"的忠诚,对"坏爸爸"也同样如此。他们会认为"我跟坏爸爸/坏妈妈是一样的。"如果父母一方不断向孩子抱怨另一方的过失,有意把对方贬得一无是处,孩子内心就会处于一种被撕裂的状态。这是许多单亲家庭孩子性格偏离正常轨道的重要原因。所以,在孩子面前尽量维护好另一方的形象,对孩子和自己而言,有百利而无一害。避免争吵、翻旧账,不要诋毁另一个家庭,不要把对婚姻的情绪传递给孩子,多传递正能量的话语、情绪和讯息,让孩子感受到快乐和幸福。

案例分享

奥巴马还没到1岁的时候,他的爸爸毫不犹豫地离开奥巴马和妈妈,一个人去了哈佛求学。几年后,妈妈提出了离婚,爸爸没有异议,带着另一个女人去了肯尼亚老家工作。妈妈一边带着奥巴马一边求学,生活非常拮据,而且爸爸从未给过赡养费。但是妈妈从来没有在奥巴马面前说过他爸爸的坏话,而是全说优点:"你爸爸聪明、幽默、擅长乐器,有一副好嗓子……"这种教育方式在奥巴马身上收获了很好的结果,奥巴马身上全都继承了这些优点,而且更加懂得家庭教育的重要性。奥巴马当了父亲之后,非常重视陪伴孩子,每星期六总是为家庭生活保留。

2. 让孩子明白,父母离异不是他的错　让孩子明白,3个人有3个关系:爸爸妈妈的关系,爸爸和孩子的关系,妈妈和孩子的关系。现在结束的只是爸爸妈妈的关系,而父子关系、母子关系并不会受到影响,爸爸妈妈还会一如既往地爱他。"爸爸妈妈离婚是爸爸妈妈的事,不是你的原因。"这一点非常重要,因为孩子通常会认为家里什么事情都是他导致的,父母关系破裂也是因为他,于是父母婚姻的不幸也给他带来很大的压力。但这种观念也很容易破除,只要父母很坚定很清晰地告诉他,这事情不是因为他,就可以了。

3. 允许孩子和另一方相处　在孩子的成长过程中,父爱和母爱都是必不可少的。所以,单亲家庭更要努力去满足孩子对这两种爱的渴望。当孩子跟另一方相处的时候,也是对孩子生命完整性的维护。

4. 离异后双方保持良好的合作关系　理智的父母,可以在离异后依然保持着养育联盟,即在对待孩子的事情上互相沟通和协商,并努力达成一致。

5. 积极开启新生活　"言传不如身教",生活常常让人感到不如意,但我们依然以自身的经历告诉孩子,规划好自己的生活,摆脱旧日生活的创伤,从低谷中走出来,学会爱自己,找到兴趣点和自信感,让孩子看到一个积极、乐观、向上、勇敢地面对生活、创造新生活的家长。

6. 继父继母与孩子像朋友一样相处　继父母与孩子的关系会有点特殊。首先是称谓上，如果孩子已经意识到这位家庭新成员不是自己的亲生父母，那么孩子最好称继父母为"叔叔"或者"阿姨"。这样能够继续保持孩子与亲生父母的联结，同时允许孩子与继父母慢慢拉近距离。继父母在照顾孩子的时候，一样需要根据孩子的年龄适当分配"父母功能"与"朋友功能"的比例，但相比于亲生子女来说，"朋友功能"需要更多一些，这样才能减少孩子内心"两个爸爸"或"两个妈妈"的冲突："我不是你的爸爸，你有你的爸爸，但是我们可以当好朋友，你有任何开心不开心的事情，都可以跟我分享。"

四、全职妈妈（全职爸爸）家庭

越来越多的人认识到孩子3岁前的教育十分重要，于是越来越多的家长选择在家当"全职妈妈"或"全职爸爸"，甚至有些人会一直持续到孩子上小学之后。能够保持良好的状态、全身心地陪伴孩子的妈妈，既能养育出健康的，对社会有贡献的孩子，也能保持自己女性的独立性，在未来有机会实现自己的社会价值。据不完全统计，国内有近30%的母亲全职照顾孩子，当中高学历女性的比例正在逐年增加。全职爸爸或全职妈妈所面临的生活压力、教育压力和社会压力一点也不少，因此他们的心态调节十分重要，不仅影响自己的身心健康，也直接影响家庭教育的质量。

全职妈妈或全职爸爸在心理建设上需要注意以下几点。

1. 首先要学会爱自己，不断成长　看到面前天真无邪或者"叛逆"的孩子时，成人有时可能会激起自己在原生家庭的一些创伤记忆，或者内在有一些阻抗没有使自己完整进入母亲这个角色里时，对孕育生命和养育生命还处于隐性排斥与拒绝中。我们觉得困难的时候、痛苦的时候，恰恰是我们可以成长的点。"我迎接我生命里所有出现的变化！我也接纳我现在样貌的变化和体重的变化！我在每个当下接纳自己、欣赏自己和感激自己！用这些接纳、欣赏和感激去消除对抗的能量！"爱自己，其实这是一个对当下所有的一切保持开放和接纳的态度。

有的事需要亲力亲为，但是有的事情完全可以寻求家人的帮助。有的事需要天天做，有的可以一周做一次。不用挤时间来做家务，给自己适当的喘息时间，补补觉、做点美食，给自己一个欣赏窗外花花草草的机会。

2. 与伴侣保持精神共鸣　不能忽略了自己作为"丈夫"或"妻子"的角色，两个人没有了共同话题，那么分歧和裂痕就会越来越大，久而久之婚姻容易亮起红灯。

因此，两个人精神层面的共鸣都是必不可少，在职场打拼的另一半，无论再忙，也应多抽出时间关心一下全心照顾家庭的这一位，可以每天在孩子睡后两个人聊一聊，可以在周末的时候把孩子暂时交给老人或者朋友照看几个小时，两夫妻一起过"二人世界"，放松或娱乐一下。夫妻感情保持温度，就更容易形成养育联盟，让孩子享受更稳定和谐的家庭氛围，更积极向上的家庭教育。

3. 保持和发展属于自己的人际交往圈　整天围着孩子转，每天都是孩子的吃喝拉撒，时间久了，全职妈妈可能就会无法融入以前的圈子，因此需要建立新的圈子。周围都有同龄的宝妈，可以和她们建立友情，相约带着宝宝去亲子餐厅吃个饭、喝杯下午茶，聊聊天、说说心里话,一起参加读书会等,一同缓解日常生活中的压力,获得更多的社会支持。

案例分享

一位妈妈,初中学历,在孩子18岁考上大学后才出来打工。在家当全职妈妈时,老公一个人打工,她在家一边种地,一边陪孩子,银行账户上少的时候就几十块钱。"钱哪有挣得完的,孩子转眼就长大了。我想多陪陪孩子,就让他开心。"儿子高三的时候,有一天她从地里回去,看见她儿子把腿绑在桌子腿上,她一看就急了,说:"儿子你干吗呢?"一边说一边给他解。原来他儿子想学古人"头悬梁,锥刺股"。儿子说:"我老想站起来,没法专注在复习上,就把自己绑上。"这位妈妈说:"儿子你傻呀,考上就上,考不上咱家有地,不想种地出去打工,还可以复读,不要这么难为自己。你最近喜欢班上哪个同学?妈帮你追去。"儿子说:"妈,你能不能长大一点,成熟一点?"儿子被逗笑了,也没那么焦虑了。她就不断地把这样积极乐观的情绪给到孩子。现在,儿子已经从一所985大学毕业,在一所高校里当老师,为人处事非常有分寸,落落大方。妈妈等孩子上大学之后,自己也找了一份当月嫂的工作,并且做得特别优秀,每天都乐此不疲。

第三节 在文化传承中"治未病"

家庭除了在结构和边界上需要清晰,还需要建立整体稳定的节奏,即"跳好家庭舞蹈",才能让孩子内在秩序与家庭、社会、自然环境协调发展。注重家风的建设,更是中医里的"治未病"思想,防患于未然,这里有天时、地利、人和几个要素。

一、天时:生活有节奏

中医经典《黄帝内经》说:"上古之人,其知道者,法于阴阳,和于术数,食饮有节,起居有常,不妄作劳,故能形与神俱,而尽终其天年,度百岁乃去。"人类有劳逸交替、心跳、呼吸和情绪发展高潮与低潮的韵律;动物也有筑巢、交配、进化、更替的韵律。健康的家庭首先要顺应天时在家中形成有节奏的生活。

首先是起居饮食要遵循大自然的节奏和人体的节奏,如春夏秋冬、年、月、日、昼夜。胎儿在子宫里面第一个接触到的节奏,是妈妈的心跳。出生后婴儿在哭闹时如果成人轻轻地摇着他或者哼着歌,他就会安静。孩子的安全感就是建立在这些可预期的节奏上面,而安全感又会成为他未来成长中的内在节奏。其次是活动与睡眠的节奏。早睡早起,睡眠时间充足,孩子就很少有起床气,醒来时精神是饱满的。100年前,鲁道夫·施泰纳博士就强调:"一切教学活动都必须导向一个崇高的境界,教会孩子在呼吸、清醒和睡眠的节奏转换。"

2021年3月30日,教育部《关于进一步加强中小学生睡眠管理工作的通知》(简称《通知》)明确了学生睡眠时间要求,针对外在因素影响学生睡眠问题,《通知》还提出了3个"中断机制"。根据不同年龄段学生身心发展特点,小学生每天睡眠时间应达到10小时,初中生应达到9小时,高中生应达到8小时。通知要求,小学上午上课时间一般不早于8:20,中学一般不早于8:00。同时强调,学校不得要求学生提前到校,有条件的应保障必要的午休时间,要求作业、校外培训、游戏都要为学生睡眠"让路"。

最典型的是中国二十四节气与传统节日的节奏。古人在特定的日子里,对自然和神灵表达崇敬和虔诚的传统,希望能够与自然和睦相处,这是传统节日的起源。人们用特定方式,包括以大兴酒宴、载歌载舞等群体活动的方式来享受人间的乐趣。作为家庭庆祝传统节日,不但让孩子在特定的日子里表达崇敬之情,享受他们期待的欢乐和喜悦,而且也让孩子对生活充满美好的期盼和向往,庆祝自然的韵律,如把注意力导向自然界的变化和发掘自然界中的美(日出、日落、四季交替、生长、凋零等),带领孩子们仔细观察植物和动物的生长变化,从中找到自然界中和自己在发展过程中的共性。孩子渐渐地与自然、家庭和人类合为一体,感觉到他与世界、宇宙整为一体,共同鼓动着生命的韵律。

在不同的节日,一家人,或者几家人一起庆祝并吟诵:春节(爆竹声中一岁除,春风送暖入屠苏)、七夕节(两情若是久长时,又岂在朝朝暮暮)、中秋节(海上生明月,天涯共此时)(但愿人长久,千里共婵娟)、清明节(清明时节雨纷纷,路上行人欲断魂)、端午节(轻汗微微透碧纨,明朝端午浴芳兰)……许多移民国外的华人,因为这些传统节日的记忆,在心中有着更深的"根"的归属感和民族自豪感,并把良好的国风、家风代代相传下去。

二、地利:化繁为简

健康的家庭善于利用土地资源,善于简化空间和善用空间,对孩子有疗愈的作用。《简单父母经》的作者培恩在两个难民营做过志愿者,他发现难民营的孩子有很明显的创伤性压力症,表现为神经质、紧张、警觉性特别高,对任何新事物都抱有敌意。后来他去到伦敦,开始做教育咨询的工作,他发现西方富裕国家的孩子竟然也有着相同的创伤后压力症状。经过多年的研究,他终于明白,富裕家庭里孩子的生活中有很多小小的但持续的压力出现,这些压力来源于过多的物质和资讯、过快的节奏、过早使用电子设备,还有父母过高的工作压力,越来越少的亲子陪伴时间。这些小压力不断累积,就形成了累积压力反应,让孩子出现冲动、高警觉性、焦虑,并缺乏愉悦感、同情心。培恩做了一个实验,他们选了55个都被诊断为"注意力缺失症"或"多动症"的孩子,通过从他们的生活节奏、生活空间、接收到的资讯等方方面面来进行简化,惊喜地发现,4个月之后,68%的孩子在没有药物的帮助下,都回到了正常的状态。

为什么简化能让孩子发生改变?培恩他们后来发现背后的原理与正念相同。当生活简单了,日程少了,资讯少了,电玩少了,电视看少了之后,生活以一个平静的空间让孩子的大脑得到舒缓,能感受快乐跟喜悦的区域会变得更大,大脑的重整跟修复的能力得到大幅提高,能有效修复外来物对他们的影响。

当孩子出现感统失调或其他行为问题时,例如大吵大闹、不可理喻的挑衅、郁郁寡欢等时，父母以超越的眼光来看待这些问题，去理解他，然后帮他做减法，他就会自己恢复到一个常态，在充盈的时间、空间慢慢地自由成长，发展出自己的个性和幸福感。家庭的简化技法目标包括以下几点。

1. 简化家里的物质环境　勤俭节约是中华民族的传统美德。非必要的生活用品不要购买，切忌念新厌旧，家长作出表率。家庭从玩具、衣服、书、香味和光，还有声音等元素上面去简化。例如整理玩具的时候，留下的玩具最好是孩子在5～10分钟内能完全靠自己的力量收拾好的。多余的玩具和文具、衣服、书等可以捐赠给更需要的人或机构。

2. 简化语言环境　父母在家庭生活中尽量不要谈论工作或评论社会中的负面新闻，因为这些语言信息中透露着成人的焦虑、社会大众的焦虑，这些对于孩子来说是焦虑和压力的传递。取而代之的是礼貌的用语，例如"谢谢""不客气"等。慢慢地这种礼貌就会成为孩子自己内在的东西，跟外界的人自然用礼貌的节奏来相处。

3. 简化屏幕　屏幕指的是所有的电子产品的屏幕，包括电视、手机、平板电脑、电子游戏机等。电子产品对儿童发展的影响是非常深远的。研究表明，看电视会造成孩子的被动心态，想象力、思考力和融会贯通的能力得不到训练，减慢语言能力发展，以及过度的激动、屏幕依赖症、注意力缺失症、感统失调等，尤其是男孩居多，因为他们的脑部发展通常会更依赖于身体的运动。长期沉迷网络游戏的孩子，其大脑结构竟然跟患有阿尔茨海默病（又称"老年期痴呆症"）的老人大脑结构相像，会极大阻碍智力发展。

在1999年，美国的科学会已经建议两岁以下的孩子禁止看电视，限制两岁以上儿童看电视的时间。在2008年，法国就已经发出通告禁止所有以"三岁以下的儿童为观众群"的电视节目。对于有7岁或不满7岁孩子的中国家庭，我们也倡导最好没有电视。7岁以上孩子的家庭，尽量减少看电子屏幕的时间。

简化电子产品，并不像许多家庭担心的那么难以做到。简化需要2～3周的时间形成习惯，虽然难熬，但是一定要坚持住。很多父母会发现，当孩子没有了电子屏幕之后，可以投入与真实的人、与三维世界的互动之中，并大大减低孩子接触成人生活中的暴力、消费主义的概率，最重要的是自己家中的自由时间增加很多倍。

当孩子无聊的时候，他们自然会在环境中寻找好玩的东西，并且非常投入。守护孩子的童年，让他回到有时间可以自己耍、可以发呆、看着鸟、看着天空、看着云、看着树，来寻找听到自己内在声音，在很慢很慢的心路历程里面来找到自己。

案例分享

有一对年轻夫妇，他们5岁的女儿和3岁的儿子总是为了玩具争吵。孩子们有很多很多玩具都是亲戚朋友送的，慢慢地堆积如山。当夫妻俩学习到简化法之后，决定从这堆玩具下手。第一次的裁减大约花了3天才清完，成功地将玩具的量缩减到了原来的1/10。一开始，孩子们根本没有注意到玩具减少了。直到最后一次的缩减时，夫妻把那些不丢掉的玩具暂时收藏起来的时候，孩子们才发现。妈妈说："我和爸爸都没敢多说话，只是说，'有些玩具被收起来放好了，需要的话再拿出来。'但是，话音未落，他们就开始玩了，他们在仅剩的玩具中发现了一些许久都没玩过的，像对待新玩具一样的态度开始玩了起来。"夫妻俩曾担心孩子们无法好好相处。

弟弟总想打烂玩具,而姐姐就不断阻挡弟弟,以保护自己建立起来的秩序,但这反而让弟弟的破坏行为更加剧烈,于是冲突就爆发了。姐姐持续整理,过度控制。弟弟则是创造混乱,行为失控。

在夫妻俩采取了简化行动之后,他们脱离了"太多"所造成的高压环境,不再随时爆发,也不再是"整理者"和"毁灭者",争吵淡化了不少,现在他们更专注于玩耍了。而且似乎在玩耍的阶段上也有进步。一开始,是"并行同进"(我玩这个,你玩那个);然后是"合作交流"(如果我用你的砖块和我的砖块合在一起就可以盖个更大的房子);三是"角色扮演"(我当女巫,你当森林里的小男孩);最后发展到了"规则游戏"(如果有人碰到那条线就出局了)。

在这个过程中夫妻俩还有了额外收获——当携手同心收拾孩子的玩具和房间时,体验到了很久没有过的"同舟共济"的感觉,看到孩子们的积极改变,两个人的心也变得更近了,共同进步。

——摘自培恩《简单父母经》

三、人和:固定的"家庭日"和传统节日

健康的家庭讲究人与人之间的联结,注重关系。家庭关系是孩子未来社会化发展的重要基础。人们的家庭观念随着社会的发展在逐渐发生变化。从国际层面、国家层面到家庭层面,都在为维护"家庭"这一系统的稳定和健康发展作出努力。其中,"家庭日"就是一个非常重要的载体。而中国的传统节日之中隐藏着的生活韵律,以及中华民族"天人合一""天时地利人和"的文化精神力量,是身、心、灵和精神健康及幸福的基石。

(一)联合国与中国倡导的"家庭日"

1993年2月,联合国社会发展委员会又作出决定,从1994年起,每年5月15日为"国际家庭日",旨在改善家庭的地位和条件,加强在保护和援助家庭方面的国际合作。《中华人民共和国家庭教育促进法》中第十二条规定:"每年5月15日国际家庭日,所在周为全国家庭教育宣传周。"联合国与中国倡导的一年一度的"家庭日",是为了唤醒家长们对亲子陪伴、家庭教育的意识,从社会层面做广泛宣传,其重视程度可见一斑。

(二)家庭里的"家庭日"

现今社会人们的工作节奏繁忙,很多家长认为"没有时间陪孩子""跟孩子在一起的时候除了辅导功课不知道干什么"。而孩子们最渴望的是爸爸妈妈"陪陪我""理解我"。陪伴是最长情的告白。与家人共处的时光,可以消除心灵的疲劳,也是对孩子爱的教育。在孩子长大以后,无论他遇到什么样的困难和挫折,他都相信有"家"这个安全温暖的港湾可以依靠,脑海中这些美好的回忆也将成为他人生奋斗的强有力引擎。

有觉知的家长一定会反思自己在日常生活里是否也应该做到及时的陪伴和理解,他们很多会选择每周一日的"家庭日"。在这个家庭日里,父母放下工作,全身心回归到家庭中。这一天可以是家庭清洁日,全家人一起打扫卫生、做饭、休息;可以是家庭户外日,全家人一起到户外运动、玩耍、参观博物馆;可以是家庭艺术日,关于琴棋书画等。内

容可以由家庭成员共同商定,时间最好固定,且规则要清晰,例如安全规则、时间规则、突发情况处理规则等。有些单位组织多个家庭一起聚会,精心设计各种活动,如爬山、野餐、烘焙等。共聚型的家庭聚会,可以增强家庭间的互动,也是孩子社会化发展的重要契机。

(三)食育

具有"食育"意识的家长,从小把饮食教育延伸到艺术及人格培养上,带孩子种植花草树木,体验农耕,并带孩子亲手制作各种美食。孩子在耳濡目染之下,会好奇食物是从哪里来的,并且体会到"谁知盘中餐,粒粒皆辛苦",从而珍惜食物,感激食物给自己的身体带来的馈赠。父母引导孩子饮食有度,不挑食、不厌食、不过度进食,营养均衡。培养孩子对食物的兴趣,也是培养他们对生活的乐趣,不仅有助于孩子养成良好的饮食习惯,更加促进孩子对传统美食文化产生感情和联结。在不同的节气和节日里,家长带着孩子做美食,如年糕、青团、粽子、月饼等,形状各异,风味不同,围绕着纯洁、崇敬、感激、虔诚、同情与爱心展开"食育",帮助孩子找到一种至高的理想和精神归属,把传统文化代代相传。

(四)家风传承

《父母规》倡导的家风传承是"定家规,立家训,授家业,重家教。修家谱,树家风,传家德,行家道。言是传,身是教,上之行,下必效。教之本,慈与孝,代代传,家之道"。

父母可以带领孩子阅读家谱,画家谱图,回顾家史,讲家族故事,在家庭生活中传承中华民族优良的传统家风,尤其是"尊重文化,读书明理;廉洁守法,勤俭持家;忠孝仁爱,诚信和谐;志在天下,家国情怀"的探讨和理解。

父母尤其要以身作则尽孝道,关心老人的健康,让他们吃饱穿暖,及时医治疾病,跟老人家多聊天,让他们精神上保持愉悦。在外堂堂正正做人,积极进取,让老人为儿孙感到放心、自豪。

四、实训科目:家庭会议

家庭会议指的是家庭所有成员以民主的方式共同讨论和解决问题的会议,发展家中每个人相互尊重、相互负责、和平相处的责任意识,同时给孩子提供学习具备好品格所需的社会技能和人生技能的机会,每个家庭都能找到适合自家的方法。

家庭会议可以分为夫妻会、周例会、年终总结会、学习会等。夫妻会排在首位,因为夫妻之间达成一致,才能把握家庭总体方向不变,避免在孩子面前吵架。夫妻会开完之后,再来开家庭全体会议。首先是两两之间互相点赞和表达感恩,然后成员间互相点赞和感恩(父母牵头),然后每个人作个人总结,分享收获和成长,并且反省,提出自我改善计划并请求家人的帮助。最后讨论家庭或个人待解决的问题、计划家庭活动、家务事分工等。还可以总结家庭格言,例如"凡事总有三种以上解决办法"。不要在开着家庭会议时接电话,更不要轻易改变家庭会议的时间。会议中还可以借助一些工具,例如"六项思考帽"(详见第二章相关内容)。

每次会议需要至少1名主持人和1名记录员。主持人的职责包括召集大家开会、带头开始致谢、开始解决问题、第一个持发言棒发言,并监督发言棒逐一传递。早期应该由父母轮流做,几次示范之后,孩子清楚了角色的职责,就可以让孩子加入轮值。主持人宣布会议主题和发言顺序。先就上次的会议事项落实情况进行回顾,避免常开常忘。回顾后确定本期的主题。成员按顺序持发言棒发言。记录员记录会议讨论的内容和做出的决定。孩子学会写字之后,可以加入记录员的轮值。一旦有效地形成了家庭惯例,每个人就都会盼望这种全家聚在一起的活动,推动整个家庭共同成长共同进步。

第四节 知法守法与依法育儿

国有国法,家有家规。一个家庭要知道教育孩子做人的底线,除了道德的底线,就是法律的底线了。过去,人们认为"清官难断家务事",这种说法已经过时。现代中国作为社会主义法治国家,对于家庭教育、对于未成年保护等法律法规的不断完善,已经让孩子的教育变成了国家、社会、学校和家庭共同的事情。父母及社会均应尊重未成年人人格尊严,保障未成年人合法权益,同时父母应向子女培育和践行社会主义核心价值观。

家长在实施家庭教育之前,必定要熟知国家相关的法律,加上科学的教育理论,才能在合法合情合理的前提下进行。否则,当孩子的合法权益被侵犯时不懂保护,在孩子犯法时不懂阻止,将会酿成悲剧。

(一)与儿童青少年权益保护相关的法律法规

1. 联合国1989年11月20日第44届联合国大会第25号决议通过《儿童权利公约》,这是第一部有关保障儿童权利且具有法律约束力的国际性约定,旨在为世界各国儿童创建良好的成长环境。1991年12月29日,第七届全国人民代表大会常务委员会第23次会议批准了《儿童权利公约》,从此成为我国广泛认可的国际公约。

2.《中华人民共和国未成年人保护法》,1999年6月28日第九届全国人民代表大会常务委员会第十次会议通过,1999年6月28日中华人民共和国主席令第17号公布自1999年11月1日起施行。新修订后自2021年6月1日起施行。

3.《中华人民共和国预防未成年人犯罪法》,根据2012年10月26日第十一届全国人民代表大会常务委员会第二十九次会议通过《全国人民代表大会常务委员会关于修改〈中华人民共和国预防未成年人犯罪法〉的决定》修正。

4.《中华人民共和国家庭教育促进法》,2021年10月23日第十三届全国人民代表大会常务委员会第三十一次会议通过,自2022年1月1日起施行。

其中《中华人民共和国家庭教育促进法》规定:未成年人的父母或者其他监护人应当树立正确的家庭教育理念,自觉学习家庭教育知识,特别是在孕期和未成年人进入婴幼儿照护服务机构、幼儿园、中小学校、社区等重要时段进行有针对性的学习、接受公益性家庭教育指导和实践活动,掌握科学的家庭教育方法,提高家庭教育的能力,共同促进未成年人健康成长。未成年人的父母分居或者离异的,任何一方不得拒绝、阻碍或者怠于履行家庭教育责任。

(二)有关反欺凌与创伤疗愈

2020年5月7日,《关于建立侵害未成年人案件强制报告制度的意见(试行)》(简称《意见》)印发实施。该意见是最高人民检察院、国家监察委员会、教育部、公安部、民政部、司法部、国家卫生健康委员会、中国共产主义青年团中央委员会、中华全国妇女联合会9部门共同建立的关于侵害未成年人案件强制报告制度,是指国家机关、法律法规授权行使公权力的各类组织及法律规定的公职人员,密切接触未成年人行业的各类组织及其从业人员,在工作中发现未成年人遭受或者疑似遭受不法侵害以及面临不法侵害危险的,应当立即向公安机关报案或举报。《意见》规定9类未成年人遭受不法侵害情形,有关单位和个人须立即报案。这9类情形包括:

(1)未成年人的生殖器官或隐私部位遭受或疑似遭受非正常损伤的。

(2)不满十四周岁的女性未成年人遭受或疑似遭受性侵害、怀孕、流产的。

(3)十四周岁以上女性未成年人遭受或疑似遭受性侵害所致怀孕、流产的。

(4)未成年人身体存在多处损伤、严重营养不良、意识不清,存在或疑似存在受到家庭暴力、欺凌、虐待、殴打或者被人麻醉等情形的。

(5)未成年人因自杀、自残、工伤、中毒、被人麻醉、殴打等非正常原因导致伤残、死亡情形的。

(6)未成年人被遗弃或长期处于无人照料状态的。

(7)发现未成年人来源不明、失踪或者被拐卖、收买的。

(8)发现未成年人被组织乞讨的。

(9)其他严重侵害未成年人身心健康的情形或未成年人正在面临不法侵害危险的。

首先父母不能对孩子实施欺凌。无论未成年人的侵害来自家庭、校园还是社会,所有相关单位和人员都必须向司法机关报告,未成年人的父母必须接受家庭教育学习。其次,父母要帮助孩子预防和反抗校园欺凌。校园欺凌多发于小学高年级至高中阶段。国务院颁布的《关于开展校园欺凌专项治理的通知》将校园霸凌行为定义为"发生在学生之间蓄意或恶意通过肢体、语言及网络等手段,实施欺负、侮辱造成伤害的行为",即言语欺凌(嘲笑、起绰号)、身体行为欺凌(肢体暴力、故意损坏物品、强迫对方做不情愿的事情)、关系欺凌(排斥、孤立)、网络欺凌(在网上传播视频、音频、照片、辱骂、嘲笑)、性欺凌(强奸、传播含有性意味的信息、看或摸性器官等)。

2016年,中国青少年研究中心针对10省市中小学生抽样调查显示,32.5%的人偶尔被欺凌,6.1%的人经常被高年级同学欺凌。数据显示,受害者遭受精神暴力的比例为94.32%。最高人民法院2015—2017年刑事案件统计显示,在涉及故意杀人罪的300多起案件里面,因琐事引起的案件比例最大,为67.44%,其次是因感情问题,占21.74%。因此家长必须重视孩子的教育与保护,主要包括以下几点。

1. 预防欺凌　家庭是孩子成长的最基本动因,直接影响了孩子早期的行为塑造。同时,有的家长本身是易怒易躁型,一听孩子在学校受了欺负就直接鼓动孩子"以暴制暴",甚至有的学生可能在家里遭受家庭暴力之后,到了学校就找同学发泄,这类霸凌者本身也是受害者。以上这些因素,都会在一定程度上助长霸凌事件的发生。家长平时应当身体力行地教育孩子:"勿以恶小而为之,勿以善小而不为。"家长要尊重孩子,并让他们知道什么是"欺凌",清楚:①看到同学在实施欺凌,不能参与进去,不能当旁观者;②及时向老师和家长反映真实情况,寻找帮助;③如果自己受到欺凌,学会拒绝,学会说"不",并第一时间告诉父母;④如果自己曾经参与了欺凌他人必须及时道歉,并告知父母,一起采取补救措施。

我们成人应该站在孩子面前做好示范,让他们知道创造和平不是表面的纠正对错、道歉、喊口号,我们需要学会接纳差异、包容多元,要有同理心,创造更多的机会让每一个人在群体中去展现他们的价值,并教会他更多实用的社交技巧和方法。《你不能欺负我》系列绘本在美国"儿童反暴力""儿童反欺负""儿童自尊心"类图书中位列榜首,分别从培养孩子自信心、独立性、勇敢表达三个角度出发,让孩子学习面对生活中的小挫折,形成不被人欺负的气场,也教给孩子很多实用的社交技巧和方法。书里的小主人公莫莉,有这样那样的小缺点,有生活中每一个孩子的影子。而书中莫莉的奶奶、妈妈对莫莉说的话语,总是带着智慧和鼓励,给孩子心灵滋养!在妈妈和奶奶的引导下,虽然莫莉个子小小的,长着大板牙,嗓音不好听,但内心却非常强大——面对他人的否定和嘲笑时,她保持自信;面对欺负时,她勇敢表达自己的想法;面对攀比和嫉妒时,她保持独立、不盲从。莫莉妈妈和奶奶的做法非常值得我们学习。

2. 对待被欺凌的孩子　被欺凌的孩子通常是不懂得反抗的,他们内在有着负面的核心信念,如"我是不够好,所以别人才来欺负我""我必须忍耐,才能得到安全"等。这给了欺凌者可乘之机,甚至会让被欺凌的孩子不敢发声,默默忍受。当家长发现自己的孩子已经遭受了同学或其他人的欺凌,面对被伤害的孩子时,应该做到:①坚定地告诉孩子:"这不是你的错。我一定会反对欺凌者,保护你,陪伴你走出伤痛。"②帮助孩子重新对自己有一个恰当的自我认知:"我们一起来反思,我们的价值观是什么,学习建立界限,尊重自己也尊重他人,同时让别人也不侵犯我们。"③及时向学校和老师反映真实情况,保留相关证据,用法律来捍卫自己孩子的生命安全和应有的权利,追究欺凌者的责任。④与学校心理老师及相关工作人员一起合作,无条件地支持孩子进行心理辅导,并教给他更多实用的社交技巧和方法,争取早日康复,恢复正常的生活和学习。⑤如果孩子的创伤过大,经过综合评估,可以做转学或其他适当的处理。

案例分享

在《蓝芝士嘴,臭汗脚》一书中,史蒂夫经常被格斯欺负、起外号,当史蒂夫将此事告诉父母后,史蒂夫父母并没有认为这是孩子间的玩闹,而是非常严肃地教史蒂夫用有力的语言反击。

有一次,格斯像敲鼓一样敲打史蒂夫的后背,史蒂夫立刻发出像警笛一样刺耳的声音:"住手!"史蒂夫的喊叫引起了老师的注意,格斯撂下狠话逃走了。还有一次,格斯想抄写史蒂夫的答案,被拒绝了。格斯扬言让他好看。史蒂夫又大叫一句:"走开!格斯!我不想打架!"他的喊叫引起了路人的瞩目,格斯怕惹麻烦,嘟嘟囔囔地走了。从此,格斯再也没有欺负过他。

3. 对待实施欺凌的孩子　如果家长发现自己的孩子是欺凌者,不能第一时间就全盘否定孩子,因为否定只会让亲子关系从一开始就剑拔弩张,并不能说服孩子。应当做到以下几点。

(1)了解清楚事情的真相和来龙去脉,如果真的是自己的孩子对他人实施了欺凌,作为家长要首先带孩子一起去向被欺凌家长道歉;如果不是自己的孩子实施欺凌,要心平气和地与学校和对方家长共同探讨事实的真相,收集相关证据,理性沟通。

(2)反思自己的家庭教育在哪些方面出了问题,以至于孩子出现这种错误的行为,承认自己的错误,并做好心理准备,与孩子共同承担起责任。

(3)在一个独立的不被打扰的空间,与孩子平静地沟通,了解他为什么会实施欺凌行为,反思这种错误的行为会带来什么样的后果,并与孩子探讨补偿的措施。

◆ 本章思考 ◆

1.您的家庭是否正处在或曾经处于结构失衡的状态?遇到了什么样的困难?结合结构式家庭治疗的视角来思考哪些家庭角色缺位了,应该如何"归位"。

2.您在家庭中同胞竞争的问题是如何解决的?经过学习您是否有新的解决办法?

3.结合本章知识及您过往的经历,您认为应该如何预防和处理校园欺凌?

参考文献

[1] 金·约翰·培恩. 简单教养经:如何有效管教不同阶段的孩子[M]. 时璇,译. 北京联合出版公司,2018.
[2] 培恩,罗斯. 简单父母经[M]. 杨雪,张欢,译. 沈阳:辽宁科学技术出版社,2013.
[3] 苏珊·博格尔斯,凯瑟琳·雷思蒂福. 正念教养[M]. 聂晶,译. 北京:中国轻工业出版社,2017.
[4] 温尼科特. 妈妈的心灵课:孩子、家庭和大千世界[M]. 魏晨曦,译. 北京:中国轻工业出版社,2016.
[5] 黄晓星. 华德福在中国:迈向个性的教育[M]. 广州:广东教育出版社,2002.
[6] 李辛. 儿童健康讲记:一个中医眼中的儿童健康、心理与教育[M]. 成都:四川科学技术出版社,2015.
[7] 琳恩·默里. 婴幼儿心理学[M]. 张安也,译. 北京:北京科学技术出版社,2020.
[8] 郭召良. 认知行为疗法咨询方案:7大心理问题[M]. 北京:人民邮电出版社,2021.
[9] 蒙台梭利. 有接受力的心灵[M],北京:中国妇女出版社,2012.
[10] 陈灿锐,高艳红. 心灵之镜:曼陀罗绘画心理疗法[M]. 广州:暨南大学出版社,2014.
[11] 伊莎. 犹太人育儿经[M]. 北京:中国商业出版社出版,2013.
[12] 尼古拉斯·艾伦. 小威向前冲[M]. 漆仰平,译. 贵阳:贵州人民出版社,2018.
[13] 林文采,伍娜. 心理营养[M]. 上海:上海社会科学院出版社,2016.
[14] 约翰·瑞迪,埃里克·哈格曼. 运动改变大脑[M]. 浦溶,译. 杭州:浙江人民出版社,2013.
[15] 萨尔瓦多·米纽庆. 家庭与家庭治疗[M]. 谢晓健,译. 北京:商务印书馆,2009.
[16] 米努钦,尼科尔斯,李维榕. 家庭与夫妻治疗:案例与分析[M]. 胡赤怡,卢建平,陈钰,译. 上海:华东理工大学出版社,2013.
[17] 维吉尼亚·萨提亚. 萨提亚家庭治疗模式[M]. 2版. 聂晶,译,北京:世界图书出版公司,2018.
[18] 邱丽娃,徐一博. 美好生活方法论:改善亲密、家庭和人际关系的21堂萨提亚课[M]. 北京:中国人民大学出版社,2021.
[19] 安吉拉·洛德. 创意形线画工作手册[M]. 许广宇,宋津津,杨莹,译. 成都:四川美术出版社,2022.
[20] 李维榕. 家庭舞蹈[M]. 上海:华东师范大学出版社,2018.
[21] 库尼. 花婆婆[M]. 方素珍,译. 石家庄:河北教育出版社,2007.
[22] 菲比·吉尔曼. 爷爷一定有办法[M]. 宋珮,译. 明天出版社,2013.

[23]玛丽安·范泽埃尔,尼恩·科范希荷顿.苹果蛋糕[M].成娟,译.天津:天津教育出版社,2013
[24]菲利普·韦希特尔.我[M].赵远红,译.天津:新蕾出版社,2009.
[25]孙倩.失控的家长:儿童心理直播间.7~12岁[M].北京:团结出版社,2019.
[26]劳伦斯·科恩.游戏力养育[M].刘芳,李凡,译.北京:北京联合出版公司,2020.
[27]董亚兰.卡尔威特的家教智慧[M].北京:北京工业大学出版社,2016.
[28]贾杜晶.敏感期对了,一辈子就对了[M].哈尔滨:哈尔滨出版社,2021.
[29]李秋沅.钟南山:生命的卫士[M].南宁:接力出版社;北京:常建读物出版社,2020.
[30]徐鲁.屠呦呦:影响世界的中国小草[M].南宁:接力出版社;北京:党建读物出版社,2020.